길을 찾는 교사를 위한

해외파견·초빙
합격노트

길을 찾는 교사를 위한
해외파견·초빙 합격노트

김병수, 김유주, 서승현,
송인화, 장미림 지음

테크빌교육

색다른 성장을 꿈꾸는 선생님들께

교사의 꿈은 국경을 넘어 더 크게 자랍니다. 그리고 그 교사를 만난 학생들의 꿈도 국경을 넘어 더 크게 자랍니다. 이 책은 해외파견 교사를 꿈꾸는 분들을 위한 책입니다.

저는 교육부 해외파견 교사 시험에 합격해서 프랑스에서 해외파견 교사 생활을 경험했습니다. 처음엔 두려움이 더 컸습니다. 서류와 면접 앞에서 긴장했고, 현지 생활에 대한 막막함도 있었습니다. 주변에서 합격자분들이 없어 어떻게 준비해야 하는지 어려움이 많았습니다. 이 책은 저와 같은 어려움을 겪는 분들에게 도움을 드리기 위한 책입니다.

한 번쯤 꿈꾸는 해외파견 교사, 어디에서 정보를 찾아야 하고 무엇을 준비해야 하는지 정확한 내용을 찾기가 힘듭니다. 이 책은 해외파견 교사에 먼저 합격했던 선생님들이 풀어 놓는 이야기 보따리입니다. 한 나라의 이야기가 아니라 프랑스, 말레이시아, 중국, 파라과이 그리고 베트남까지, 해외파견과 초빙을 경험한 다섯 명의 선생님들이 각자의 색깔로 해외파견 및 초빙을 지원했던 동기와 합격 전략, 실제 현지에서의 생활과 한국에 복귀한 후 이어 나가고 있는 생활에 대해 생생하게 공유해 드립니다. 왜 해외파견 교사를 꿈꿨고, 어떻게 준비했으며, 합격 후 생활은 어땠는지 저자들의 이야기를 읽으며 미리 체험해 볼 수 있습니다.

해외파견 교사의 길은 단순한 경력의 확장이 아닙니다. 해외파견 교사는 커리어를 넘어 삶을 다시 써 내려가는 교육 모험입니다. 한 교사의 도전이 아이들에게 세계를 잇는 다리가 되고 한국 교육의 또 다른 얼굴이 됩니다.

낯선 땅에서 교실을 꾸리고 그곳의 아이들과 마음을 나누는 순간, 우리는 더 큰 세상과 연결됩니다. 이 책은 그 여정을 시작하려는 모든 분들을 위해 쓰였습니다. 합격을 위한 전략은 물론, 그 길을 먼저 걸어간 선배들의 경험을 담아 누구든 조금씩 매일 꾸준히 노력한다면 새로운 교육 경험을 할 수 있다는 희망을 전하고자 합니다.

이 책을 지금 펼친 선생님께서는 이미 도전을 시작하셨습니다. 주저하지 마세요. 두려움은 잠시뿐이고 그 너머에는 당신의 성장을 기다리는 세계가 있습니다. 이 책이 여러분들의 도전에 디딤돌이 되기를 진심으로 희망합니다.

저자진을 대표하여
조금씩 매일 꾸준히, 조매꾸쌤 김병수

목차

PART 3

해외 근무 리얼 스토리

: 출국부터 수업까지. 다섯 나라, 다섯 이야기 ··· 129

PART 4

귀국 이후의 이야기 ··· 211

해외 근무로 얻은 것들

나만의 수업, 나의 가족, 나의 세계

이 길을 준비하는 선생님들께

저자별 글 찾기

PART 1

지원동기:
잠시 떠난다는 것

해외파견·초빙 지원 시 고려해야 할 점

🌐 자녀가 없는 경우

· 장점

- 생활 여건과 근무지 선택에 있어 상대적으로 자유롭다.

- 교육·진학 문제 등 추가 부담이 없어 업무와 자기계발(어학, 연구)에 집중하기 유리하다.

· 고려할 점

- 현지에서의 외로움이나 사회적 고립감을 극복할 수 있는 자기관리 능력이 필요하다.

- 배우자와 떨어져 지내야 하는 경우라면 가족관계 조율이 필요하다.

🌐 자녀가 있는 경우

• 장점

- 자녀가 다양한 문화와 언어를 체험할 수 있어 성장에 긍정적인 기회가 될 수 있다.
- 가족 단위로 생활하므로 정서적 안정감이 커질 수 있다.

• 고려할 점

- 자녀 교육 문제: 현지 한국학교·국제학교·현지학교 중 어디에 다닐지 사전 조사가 필요하며, 교육비·언어 적응 문제 등을 함께 고려해야 한다.
- 생활비 증가: 자녀 동반 시 주거·교육·보험·생활비 부담이 크게 늘어난다.
- 의료·안전 문제: 현지 의료 체계, 응급 대응 방식, 소아과 진료 가능 여부, 예방접종 일정 등을 반드시 확인해야 한다. 특히 열·감염병이 흔한 지역은 상비약 준비와 건강 관리에 각별한 주의가 필요하다.
- 사회적 적응: 자녀가 문화·언어 차이를 극복하며 또래와 자연스럽게 어울릴 수 있도록 지속적인 관심과 지원이 필요하다.

🌐 공통적으로 고려할 사항

- 어학 능력: 일상적 의사소통이 가능할 정도의 언어 능력이 필요하다.
- 전공 및 교직 전문성: 초등은 통합적 초등교육 역량, 중등은 과목별 전문 수업 역량이 핵심이므로 해당 분야의 전문성이 요구된다.
- 문화 적응력: 해외 생활은 언어뿐 아니라 문화·생활 방식 차이를 극복해야

하므로 개방성과 유연한 사고가 필요하다.

- 건강 및 생활 안정성: 장기간 체류 시 본인과 가족의 건강 관리가 뒷받침돼야 한다.

- 국가·지역별 특수성: 근무 여건, 생활 환경, 치안, 의료, 교육 수준 등을 사전에 충분히 조사할 필요가 있다.

해외파견·초빙 교사에게 필요한 자질들

🌐 공통적으로 필요한 자질

• 교직 전문성과 전공 역량

파견교에서 개설 가능한 교과(정보, 영어, 수학, 과학 등)에 맞춰 수업 지도안과 교수 자료를 준비할 수 있어야 한다.

전공 교과에 대한 깊은 이해와 수업 설계 능력이 필요하며, 다양한 배경의 학생들에게 맞춤형 교육을 제공할 수 있어야 한다.

• 다문화·국제이해교육 역량

해외 한국학교에는 다양한 배경의 학생이 재학하므로, 다문화 감수성과 세계시민교육 역량을 갖추어야 한다.

• 언어 능력과 의사소통 역량

현지 언어와 영어 등 국제 공용어를 활용해 학생·학부모·현지 교원과 원활히 소통할 수 있어야 한다. 언어 장벽을 최소화하고, 문화적 차이를 고려한 포용적 대화 태도를 갖추는 것이 중요하다.

• 문화 적응력과 열린 태도

현지의 관습·종교·생활 문화를 존중하고 수용하는 태도가 요구된다. 예상치 못한 상황에도 유연하게 대처할 수 있는 적응력과 다양한 문화적 배경을 이해·협력하는 자세가 필요하다.

• 교육적 소명의식과 인성

해외파견·초빙 교사는 단순한 수업 담당자가 아니라 한국 교육과 문화를 대표하는 역할을 수행한다. 따라서 책임감과 봉사정신, 교육에 대한 소명의식을 바탕으로 학생을 지도해야 한다.

• 리더십과 대외 협력 능력

교민 사회, 현지 기관, 국제 교류 사업에 적극 참여해 공동체와 협력할 수 있어야 한다. 더 나아가 한국 교육의 위상을 높이고 공동체를 이끌 수 있는 리더십과 조율 능력이 필요하다.

⊕ 초등 교사에게 특히 필요한 자질

• 초등 파견 교사는 학생 발달 단계에 맞는 기초학력 지도와 생활교육 능력

을 특히 갖추어야 한다.

- 다양한 교과를 통합적으로 가르쳐야 하므로 수업 설계력, 창의적인 교수·학습 방법, 정서적 안정과 돌봄 능력이 필수적이다.

- 또한 자녀를 동반하는 가정 단위 파견일 경우, 자녀 교육과 생활 적응을 동시에 고려하는 역량도 요구된다.

⊕ 중등 교사에게 특히 필요한 자질

- 중등 파견 교사는 전공 교과의 전문성이 최우선이므로, 깊이 있는 학문적 이해, 체계적인 수업 운영 능력, 전문적 상담 및 진로 지도 역량이 필요하다.

- 더불어 동아리·국제 교류 프로그램·비교과 활동 등을 주도할 수 있는 기획력과 추진력, 그리고 다양한 국적·배경의 학생에게 전공 지식을 효과적으로 전달할 수 있는 언어 활용 능력도 중요하다.

해외파견·초빙 교사의 만족도: 얻는 것, 그리고 잃는 것

해외파견은 자녀 교육, 교사의 전문성 신장, 글로벌 역량 강화 측면에서 큰 만족을 주는 경험이다. 자녀는 현지에서 다양한 언어와 문화를 체득하며 성장할 수 있고, 교사는 국제적 감각을 넓히며 교육적 전문성을 강화할 수 있다. 그러나 얻는 것이 있으면 반드시 잃는 점도 따른다는 사실을 함께 고려해야 한다.

파견 전에는 충분하다고 판단했던 점수도 귀국 후에는 부족하게 느껴질 수 있다. 파견 가산점 제도가 존재하더라도 상한 0.5점이 존재해 장기간 근무해도 더 이상 반영되지 않는 한계가 있다.

따라서 해외파견을 고려하는 교사라면 자녀의 글로벌 경험이라는 장점과 승진·점수 관리라는 현실적 과제를 균형 있게 판단해야 한다. 특히 승진을 목표로 하는 교사라면 파견 기간과 점수 배점을 꼼꼼히 확인한 뒤 지원 여부를 결정하는 것이 바람직하다.

🌐 얻는 것

• 전문성 향상

다양한 학생 집단을 지도하며 교수·학습 방법을 새롭게 개발하고, 국제적 시각에서 교육 전문성을 확장할 수 있다.

• 언어 능력 및 글로벌 역량 강화

현지 언어와 영어 실력을 크게 향상시키고, 다문화 환경에서 의사소통·협력 역량을 강화할 수 있다.

• 문화 체험 및 네트워크 확장

현지 사회·문화·교육 제도를 직접 경험하며 글로벌 안목을 넓히고, 교민 사회 및 국제 교육 경험이 있는 사람들과 교육자 네트워크를 형성할 수 있다.

• 가족·자녀 성장 기회(자녀 동반 시)

자녀가 다양한 문화와 언어를 체험하며 글로벌 시민으로 성장할 수 있는 기회를 제공한다. 파견 교사의 실제 사례에 따르면, 초등학교 1학년 시기에 파견을 떠난 자녀가 초등학교 6학년 시점에 HSK 5급 270점을 취득한 경우도 있다.

고1 포함, 3년 이상 부부 모두 자녀 동반 시 3년 특례제도 혜택을 받을 수 있다.

• 교육적 보람

해외 현지에서 한국어·한국 문화를 전파하며 학생들의 성장을 직접 목격하는 과정에서 큰 성취감을 느낄 수 있다.

⊕ 잃는 것

· 생활의 불편함

언어·문화 장벽, 의료·치안 문제, 생활 환경 차이로 인해 초기 적응에 어려움을 겪을 수 있다.

· 가족·사회적 거리감

부모·친척 등 가까운 가족과 떨어져 지내면서 정서적 공백 또는 사회적 고립감을 경험할 수 있다.

· 경제적 부담

일부 국가는 물가·교육비·주거비가 높아, 지원금만으로 생활하기 어려워 추가 비용이 발생할 수 있다.

· 업무 부담 증가

수업뿐 아니라 교민 사회·현지 기관 협력, 다양한 행사 참여, 대외적 역할 수행이 요구되기 때문에 업무 강도가 높아질 수 있다.

부록

합격자들의 솔직한 지원동기 모음

프랑스 ✐ 김병수 선생님

2014년 필리핀 공립고등학교 단기 파견 경험이 계기가 되어 교육 선진국이라 불리는 유럽의 학교현장을 보고 배우고 싶었다. 전국 단위에서 과목별 한 명만 선발하는 교육부 해외파견 시험에 합격해 2017년부터 2020년까지 교육부 프랑스 한국교육원 파견교사로 프랑스 공립 국제중학교에서 3년간 근무했다. 다양한 문화권의 학생들을 직접 지도하며 '교육의 질은 교사의 질을 넘지 못한다'는 말을 다시금 실감했다. 자녀에게 더 넓은 세계를 경험하게 해주고 싶었고, 가족이 새로운 환경 속에서 함께 성장하고 싶었다. 해외파견은 교사로서의 전문성뿐 아니라 가족의 삶에도 깊은 영향을 준 경험이었다. 교직·가정·개인의 성장이라는 세 가지 축이 동시에 넓어진 시간이었다. 다시 선택의 기회가 주어진다면, 주저 없이 도전하고 싶은 소중한 경험으로 남아 있다.

※ 프랑스 김병수 선생님 navigator

지원동기	해외 근무 리얼 스토리	귀국 이후의 이야기
20쪽	131쪽	213쪽

교육부 해외파견을 가기로 목표를 정했다. 왜 이런 목표를 가지게 되었을까?

그토록 꿈에 그리던 교사가 되었다. 그리고 다문화가정 대상국가와의 교육교류 사업으로 필리핀을 다녀온 후, 선진국에 가보고 싶은 열망에 사로잡혔다. 필리핀에서 경험했던 너무도 다른 교육 환경을 보고, 과연 선진국에서는 어떤 교육이 이루어지는지 궁금했다.

여행과 사는 것은 완전히 달랐다. 필리핀 공립 고등학교에서 수업을 하면서 내가 직접 느꼈던 비다. 내가 근무한 학교의 학생 수는 약 1만 3천 명, 교사는 약 500명이었다. 교사들은 학생처럼 교복을 입고 출근했고, 수업 방식도 많이 달랐다. 연극식 수업이 많았고, 수업에 춤과 노래가 자주 활용되었다. 교사의 근무 환경, 학생들이 배우는 교육과정 등 한국과 다른 점이 매우 많았다. 단기적으로 이런 경험을 하면서 자연스럽게 교육부 파견에 대한 열망은 더욱 커졌다.

교직에는 여러 갈래의 진로가 있다. 교사가 된 후, 어떤 길로 나아가야 할지를 진지하게 고민했었다. 그런데 가슴이 뛰는 일은 단 하나, 해외파견이었다. 교사인 아버지가 자녀에게 해줄 수 있는 게 무엇일까 고민했었다. 교직을 그만두지 않고도 할 수 있는 일 중 가장 하고 싶은 일, 가장 가슴 뛰는 일은 역시 해외파견 교사였다. 여행이 아닌, 직접 해외로 출근하며 그 나라를 온몸으로 느껴보는 일. 그것이 오래전부터 내게 간절한 열망이었다.

"교육의 질은 교사의 질을 넘지 못한다."

이 말을 수없이 들어왔고, 지금도 이 말에 동의한다. 교사의 능력, 어떤 경험과 철학을 가진 교사를 만나느냐에 따라 수업은 달라지고 교육은 달라진다. 글로벌 인재를 키우려면, 어떤 교사가 되어야 할까?

'나는 글로벌 교사가 되기로 했다.'

나와 같은 나이의 다른 나라 교사들은 어떻게 살아갈까 궁금했다. 우리나라 학생들과 해외 학생들의 학교생활은 어떤 차이가 있을까? 매일 반복되는 하루에서 벗어나, 설렘이 있는 하루를 살고 싶었다. 즐거움을 추구하고 도전정신이 있는 나에게 해외파견은 강렬한 목표였다.

한 번뿐인 인생, 보다 '나'답게 살기 위한 도전. 그리고 자녀를 키우며 내 아이에게 더 깊고 넓은 경험의 기회를 주는 방법은 무엇일까 고민했었다. 정답은 교육부 해외파견이었다. 아무도 전화하지 않는, 자유로운 곳으로 가고 싶었다. 아무도 가지 않은 길로 뛰어들고 싶은 열망이 가득했던 그때, 나는, 글로벌 교사가 되기로 했다.

파라과이 ∿ 장미림 선생님

2016년 3월부터 2019년 2월까지 교육부 파견으로 파라과이한국학교에 3년간 근무하고 돌아왔다. 전주교육대학교를 졸업하고 2005년에 임용되어 11년을 전북에서 근무하고 해외파견을 나가게 되었다. 남편과 아들과 함께 셋이 출국했고, 덕분에 아들이 초등학교 입학에서 3학년까지 자라는 모습을 부부가 함께 지켜볼 수 있었다. 귀국한 지 6년이 지났지만 힘들 때마다 반짝반짝 빛났던 파견 기간 3년의 추억이 튼튼한 버팀목이 되어 준다. 또다시 파견을 꿈꾸는 중이다.

※ 파라과이 장미림 선생님 navigator

지원동기	해외 근무 리얼 스토리	귀국 이후의 이야기
23쪽	143쪽	219쪽

어렸을 때의 꿈은 100개의 직업을 경험하고 죽는 것이었다. 슈퍼마켓이나 서점 사장부터 영화평론가, 통역사까지 온갖 꿈을 꾸며 자랐다. 하지만 교대 졸업 이후 내가 경험한 직업은 '초등교사' 하나뿐이었다. 지금 생각해도 교사는 나에게 잘 맞는 직업이지만, 학년과 업무가 달라진다 해도 교사의 한 해살이는 비슷한 패턴의 반복이다. 그래서 점점 새로운 경험을 찾게 되는가 보다.

나는 언어를 참 좋아했다. 유치원 시절, 가정용 비디오 기계가 보급되기 시작하자 부모님은 상가 건물 1층에 비디오 가게를 여셨다. 비디오 가게에서 세상의 신작 영화를 모두 구입하는 것은 아니다. 영업사원이 새로 나온 비디오를 잔뜩 들고 오면, 가게 주인이 살 것과 안 살 것을 결정하는 '구입 전 단계'가 있었다. 2층에서 피아노 학원을 운영하시던 엄마는 일곱 살이던 나에게도 가정의 일을 나눠주셨다. 그 일은 어린이 비디오를 보고 '재미있는 것'과 '없는 것'을 구분하는 일이었다. 지금 생각하면 그야말로 현대판 넷플릭스의 '좋아요'와 '별로예요'였다.

비디오 가게가 열기만 하면 다 잘 되는 것은 아니다. 베스트셀러만 진열된 서점에 단골이 없는 것과 같은 이치랄까? 비디오 가게는 주인장의 철학이 담긴 영화 선정과 큐레이션이 생명이다. 나는 하루에도 몇 시간씩 영화를 봤고, 대중의 취향을 읽는 데 점점 능숙해졌다. 내 판단은 잘 들어맞았고, 매출이 늘면서 부모님이 나에게 맡기는 영화의 장르도 점점 다양해졌다. 어린이 만화에서 중국 대하드라마, 미국 로맨틱 코미디에 이르기까지. 나는 나만의 전용 비디오와 브라운관이 있었고, 낮에는 홍콩을, 밤에는 미국을 누비며 다양한 세상을 만났다.

어찌 보면 '콘텐츠 중독 어린이'가 될 수도 있었겠지만, 나의 엄마는 호락호락한 분이 아니었다. 내가 어렸을 때는 '중국이 머지않아 미국을 앞지를 수도 있다'는 낙관이 컸고, 이에 대비해 엄마는 나를 낮에는 한국 학교에, 오후에는 화교 학교에 보내며 두 언어에 모두 노출시켰다. 저녁에는 중국인 선생님에게 회화 과외를 받았고, 손가락에 물집이 잡히도록 한자 숙제를 해야 했다.

이렇게 스파르타식으로 주입된 중국어와 달리, 자연스레 나에게 스며든 언어는 영어였다. 아빠의 자동차를 타고 갈 때면 앞차의 범퍼에 붙은 알파벳 문자가 늘 궁금했다. 까막눈이던 나에게 그것은 너무나 풀고 싶은 수수께끼 같았다. 그렇게 궁금해하던 영어를 중학생이 되어 처음 만났고, 지금까지도 영어라는 언어를 좋아한다. 요즘은 발음도 좋고 회화에 능한 후배 교사들이 많아서 명함을 내밀기는 어렵지만, 영어를 좋아하고 나이에 상관없이 영어 인증시험에서 일정 점수를 유지하는 것은 교사로서 다른 영역을 두드릴 때 정말 유용한 조건이 된다.

이런 어린 시절을 보낸 언어와 외국 문화에 대한 동경이 깊었던 소녀는, 어느덧 11년차 교사가 되었고, 2015년 11월 어느 날 운명처럼 교육부 파견교사 모집 공고를 보게 되었다. 신이 나서 며칠 밤을 새워 응시 서류를 작성했고, 면접에 이르기까지 단 한 번의 망설임도, 후회도 없었다. 정말 큰 행운이 세 번이나 겹쳐 교육부 파견의 조건을 충족시켰고, 서류를 제출할 수 있는 것만으로도 감사했다. 남편 말에 따르면 마치 '도장 깨기'처럼 지역 단계부터 관문을 차례로 통과했다고 한다. 외국 문화를 그렇게나 동경하던 비디오 가게 딸내미는, 마치 해외살이가 오래전부터 예정된 일이었던 것처럼 그렇게 외국으로 나가게 되었다.

중국 ✈ 김유주 선생님

2019년부터 2022년까지 교육부 파견교사로 중국 선양한국국제학교에서 근무했다. 원래는 3년 파견 일정이었으나 코로나19 상황으로 1년이 추가 연장되며 총 4년을 지냈다. 전남에서 12년 동안 교사로 근무한 뒤 처음으로 해외파견에 지원해 합격했다. 지원 당시에는 남편과 함께 동반으로 가려고 계획했지만, 실제 발령 시점에는 사정상 남편을 한국에 남겨두고 홀로 5살, 8살 두 아이를 데리고 떠나게 되었다. 혼자 두 아이를 데리고 낯선 나라에서 생활한다는 긴장감이 있었지만 4년의 시간을 거치며 분명히 성장했고 교직 인생의 방향이 바뀌었다. 귀국 후에는 파견 기간의 배움을 바탕으로 국제교류와 외국어 교육에 더욱 열정을 기울이며 또 다른 도전을 향해 나아가고 있다.

※ 중국 김유주 선생님 navigator

지원동기	해외 근무 리얼 스토리	귀국 이후의 이야기
26쪽	157쪽	222쪽

원래 영어과에 관심이 많아 영어를 매개로 해외 유학이나 파견을 가고 싶었다. 그러나 당시에는 자녀를 동반할 수 없다는 조건이 있어 현실적인 제약이 있었다. 그럼에도 불구하고 외국에서 새로운 경험을 하고 세상의 다양한 시각을 접해보고 싶다는 열망은 사라지지 않았다.

2014년, 영어전담교사로 근무하면서 영어수업과 원어민 교사 관리 업무를 맡게 되었다. 우리 학교에는 미국인 교사와 중국인 교사가 있었는데, 자연스럽게 중국인 교사와 가까워지면서 중국어와 중국 문화에 대한 관심이 싹트기 시작했다. 그러던 중 중국 파견 교원 모집 공문을 접하게 되었고, 자녀를 동반할 수 있다는 조건을 확인했다. 이는 나에게 새로운 가능성으로 다가왔다.

'4년 후 큰아이가 초등학교에 입학하는 시점에 반드시 도전하겠다.' 그렇게 다짐했고, 2015년 9월부터 본격적으로 중국어 공부를 시작했다.

2017년 선양 파견 공문은 중등 영어 단 1명만을 선발해 기회가 좁아졌고, 잠시 포기해야 하나 하는 의구심이 들기도 했다. 그러나 끝내 포기하지 않았다. 2017년에 선발하지 않았다면 2018년에는 선발하겠지, 하는 기대감을 가지고 꾸준히 중국어 학습을 이어갔다.

드디어 2018년 파견 전형에서 초등 교사 4명(초등담임 3명, 초등영어 1명)을 선발한다는 공지가 떴다. 기회가 다가왔음을 직감했고, 이번에는 한국사 시험까지 준비했다. 역사를 잘한다고 생각했지만 막상 모의고사를 보니 기대보다 점수가 낮아 좌절하기도 했다. 파견을 위해 중국어와 한국사 모두 끝까지 도전했고, 다행히 두 시험 모두 통과했다. 그리고 마침내 파견 합격 소식도 들을 수 있었다. 합격 발표를 들었을 때의 벅찬 감정은 지금도 선명하다.

하지만 현실적인 고민이 남아 있었다. 시부모님께서는 어린 두 아이를 데리고 혼자 중국에 가는 것은 무리라며 만류하셨다. 그러나 당시 SW교육 열풍 속에서 정보 전공 교사가 우대받던 시기였고, 다시 같은 기회가 온다는 보장이 없었다. 깊은 고민 끝에 결국 두 아이를 모두 데리고 떠나기로 결심했다. 한때는 아이들을 나누어 둘째는 아빠가 양육하는 방안도 고려했지만, 결국 아이들과 떨어져서는 내가 버틸 수 없겠다는 생각에 함께하는 길을 선택했다.

중국 현지에서 어린 두 딸(초1, 다섯 살)을 돌보며 생활하는 것은 결코 쉽지 않았다. 낯선 환경에서 언어와 문화의 장벽을 넘고, 동시에 교직 생활을 이어가는 과정은 많은 인내와 노력이 필요했다. 그러나 시간이 흐르면서 아이들은 중국 문화에 흥미를 가지게 되었고, 자연스럽게 중국어에도 능통해졌다. 지금은 아이들이 다양한 문화적 배경 속에서 성장하는 모습을 보며, 그때의 선택이 인생의 전환점이자 '신의 한 수'였음을 확신한다.

해외에서의 교직 생활은 단순한 근무지가 아닌, 교육의 본질을 새롭게 바라보게 하는 배움의 장이었다. 국제 감각을 갖춘 학생들이 어떤 환경에서 성장해 가는지 직접 보고, 다양한 문화적 배경을 가진 교사들과 협력하며 얻은 통찰은 한국에서는 쉽게 얻기 어려운 소중한 자산이었다.

추후 2~3년 후 나는 다시 파견을 지원하고자 한다. 나와 아이들이 겪은 성장의 순간을 바탕으로 한국 교육과 세계 교육을 연결하는 가교 역할을 하고 싶다. 해외 한국학교 학생들이 세계 속에서 자신 있게 꿈을 펼칠 수 있도록 돕고, 내가 얻은 경험과 전문성을 더 넓은 교육 현장에 기여하고 싶다. 무엇보다 새로운 도전이 가져다주는 성장은 나와 가족 모두에게 또 한 번 의미 있는 전환점이 될 것이라고 믿는다.

베트남 🖋 송인화 선생님

2019년 3월부터 2022년 2월까지 베트남 하노이한국국제학교에서 초빙교원으로 3년간 근무하고 돌아왔다. 2013년에 전라남도 도서 지역에서 1년간 근무한 뒤 의원면직을 내고 다시 임용시험을 쳤다. 2014년 3월부터 2019년 2월까지 5년간 세종특별자치시에서 근무했고, 이후 베트남 하노이한국국제학교에 초빙교원으로 나가게 되었다. 하노이에서 동료 교사들과 함께한 날들은 매일이 여행 같았고, 배움의 연속이었다.

귀국한 지 3년이 지났지만 하노이한국국제학교에서 맺은 소중한 인연들을 계속 이어가고 있으며, 꿈만 같았던 그 시절을 추억하며 한국에서도 행복하게 학교 생활을 하고 있다. 또다시 기회가 된다면 해외에서 근무해 보고 싶다는 꿈을 품고 있다.

※ 베트남(초빙) 송인화 선생님 navigator

지원동기	해외 근무 리얼 스토리	귀국 이후의 이야기
29쪽	175쪽	226쪽

나는 어렸을 때부터 새로운 일에 도전하는 것을 좋아했다. 새로운 세계에 발을 내디딜 때마다 두려움보다 설렘이 앞섰고, 그 두근거림이 늘 또 다른 도전으로 나를 이끌었다. 대학 시절에는 해남 땅끝마을에서 통일전망대까지 국토대장정을 했고, 수원에서 부산 해운대까지 자전거 종주도 완주했다. 그 과정에서 나는 '노력은 절대로 자신을 배신하지 않는다'는 믿음을 갖게 되었다. 그러나 임용시험에서 연거푸 고배를 마시며 그 믿음이 흔들렸고, 모든 노력이 한순간에 무너지는 듯한 좌절을 경험했다.

그때 나는 마음을 추스르고 희망을 되찾고 싶어 네팔 까브레 마을의 한 학교로 봉사활동을 떠났다. 처음에는 '내가 가진 것을 학생들에게 나눠 주자'라는 마음이었지만, 시간이 지날수록 오히려 학생들이 나에게 더 많은 기쁨과 행복을 주고 있다는 사실을 깨달았다. 호기심으로 반짝이던 학생들의 눈빛, 나의 작은 몸짓에도 환하게 웃어주던 모습은 잃어버렸던 자신감을 되찾게 해 주었고, 교사가 되고 싶었던 나의 꿈을 응원해 주는 듯했다. 한국으로 돌아오는 비행기 안에서 '언젠가 해외에서 저렇게 순수한 아이들과 함께 수업을 하고 싶다'는 소망이 마음 한켠에 자리 잡았다.

　　임용시험에 합격한 후, 나는 재외한국학교라는 곳을 알게 되었고, 베트남 여행 중 찾아간 하노이한국국제학교에서 네팔에서 만났던 순수한 학생들이 떠올랐다. 시설은 한국보다 열악했지만, 언젠가 이런 학교에서 내가 쌓아 온 역량을 펼쳐 보고 싶다는 생각이 들었다. 한국에 돌아온 뒤에는 학교 생활을 열심히 하는 가운데 재외한국학교에서 근무할 수 있는 길을 꾸준히 모색했다. 네이버 카페를 통해 정보를 수집하고, 여러 학교에 지원하며 작은 실패들을 겪으면서도 준비를 계속해 나갔다.

　　2016년 10월, 경험을 쌓기 위해 처음으로 호치민시한국국제학교에 지원서를 제출했지만, 불합격 통보를 받았다. 나중에 자기소개서를 다시 읽어보니 절박함이 부족했고, 나만의 특성이 충분히 드러나지 않았다. 또한 호치민시한국국제학교에서 내가 어떤 부분을 기여할 수 있는지도 명확히 어필하지 못했다.

　　2017년 10월, 나는 대련한국국제학교에 다시 지원서를 제출했다. 이미 2016년에 작성한 지원서가 있었기에 두 번째 작성은 비교적 수월했다. 이번에는 활동 사진을 첨부하고, 나의 특성이 돋보이도록 첫 줄에 글자를 진하게 표시했다. 문장은 짧고 간결하게 작성했고, 학생과 함께했던 활동 내용을 구체적으로 설명했다. 많은 고민 끝에 자기소개서를 완성했지만, 1차 서류 심사에서 다시 불합격 통보를 받았다.

그러던 어느 날, 북경한국국제학교에서 체육교사를 추가 선발한다는 공고를 발견했다. 지원 마감이 촉박했지만 서둘러 서류를 제출했고, 곧바로 1차 합격 소식을 들었다. 이어서 2차 면접까지 통과해 최종 합격 메일을 받았을 때, 그동안의 연이은 불합격을 떠올리면 믿기 어려울 만큼 기쁘고 벅찼다. 그러나 예상치 못한 문제가 바로 그 시점에 찾아왔다.

고용휴직은 청원휴직이기 때문에 소속 교육청의 허가가 필요한데, 당시 교육청으로부터 고용휴직 요건이 충족되지 않아서 승인이 불가능하다는 통보를 받았다. 여러 경로로 확인하며 해결 방안을 찾았지만 결과는 달라지지 않았다. 그렇게 운명처럼 다가왔던 북경한국국제학교 최종 합격은 결국 취소되었다. 나는 그제야 '규정 하나가 내 인생의 방향을 바꿀 수도 있다'는 사실을 깊이 실감했다.

이 지면을 빌려 그때 나를 위해 끝까지 애써 주셨던 북경한국국제학교 교장·교감 선생님께 다시 한 번 감사의 마음을 전하고 싶다. 아울러 나와 같은 실수를 반복하지 않기 위해, 재외한국학교 지원을 준비하는 교사라면 반드시 소속 교육청의 고용휴직 규정을 미리 확인하고 장학사와도 충분히 상의해야 한다는 점을 꼭 당부하고 싶다.

여러 시행착오를 거치며 나는 오히려 재외한국학교에서 근무하고 싶다는 마음이 더 확고해졌다. 하노이한국국제학교를 지원한 이유는 솔직히 말하면 외국 생활에 대한 동경, 새로운 세계에 대한 호기심, 그리고 네팔에서 만났던 아이들처럼 순수한 눈망울을 다시 만나고 싶다는 바람 때문이었다. 재외한국학교는 짧게는 2년, 길게는 3년 이상 해외에서 생활해야 하기 때문에 가족들의 동의가 절대적으로 필요하다. 아내이자 인생의 동반자인 짝꿍은 나보다 여행을 더 좋아하고 새로운 도전에 열린 마음을 가진 사람이라, 늘 더 넓은 세상에서 경험을 쌓고 싶어 했고 재외한국학교 지원에도 나보다 훨씬 더 적극적이었다. 더군다나 한국어 교사인 아내는 오래전부터 해외에서 한국어를 가르치고 싶어 했고, 당시 베트남은 한국어 교육 열기가 가장 뜨거운 곳이었기에 하노이한국국제학교는 우리에게 운명처럼 느껴졌다. 마침 2018년 가을, 우리가 2016년에 처음 방문했던 바로 그 학교에서 체육교사를 선발한다는 공고문을 보게 되었고, 우리는 주저하지 않고 그 기회에 기꺼이 도전하기로 했다.

필수 요건과 우대 요건을 꼼꼼히 살펴보며, 내가 가진 경험과 능력으로 할 수 있는 일이 많겠다는 확신이 들었다. 필수요건에 '교육경력 3년 이상'과 '중·고 모두 수업 가능자'가 포함되어 있었고, 우대요건으로 '생활지도 및 선도위원회 유경험자', 체육 교과는 '체육대학 입시 지도 가능자'가 포함되어 있었기 때문이다.

나는 중학교에서 1년, 고등학교에서 5년 동안 체육 수업을 담당했기 때문에 중·고등학교 모두 수업이 가능했다. 또한 고등학교 담임과 2학년 부장을 맡았던 경험이 있어 대학입시 지도도 할 수 있었다. 학교폭력전담교원, 학생생활지도부 기획, 진로 및 상담 관련 자격증을 갖추고 있었기에 생활지도와 선도위원회 운영에도 자신이 있었다. 방과후 수업으로 체육대학 입시반을 운영하고, 거점학교 수업을 진행한 경험 덕분에 체육대학 입시 지도 또한 가능했다.

이처럼 내가 가진 경험과 역량을 바탕으로, 재외한국학교에서 근무하고 싶다는 꿈을 품게 된 하노이한국국제학교에 지원했다. 최종 합격 통보를 받고, 2019년 3월부터 2022년 2월까지 근무하게 되었다.

말레이시아 ✎ 서승현 선생님

2019년 9월부터 2023년 8월까지 교육부 파견으로 말레이시아한국학교에서 4년간 근무하고 돌아왔다. 춘천교육대학교를 졸업하고 2008년에 임용되어 7년을 인천에서 근무한 뒤 해외파견을 나가게 되었다. 아내와 딸, 아들과 함께 넷이 출국했고, 당시 딸은 2학년, 아들은 1학년이었다. 두 아이는 섬 학교에서 근무하던 시절 말레이시아한국국제학교로 전학해 초등학교 대부분의 시간을 말레이시아에서 보냈다.

귀국한 지 2년이 지났지만 지금도 아이들의 친구들, 아내의 말레이시아 동네 모임, 전국구 교직원 모임은 그대로 이어지고 있다. 현재는 말레이시아 파견 기간 동안 겪었던 문화 이야기를 지역 신문과 어린이 경제신문에 기고하고 있으며, AI융합대학원 진학과 플루트 교사 모임을 통해 또 다른 도전을 준비하고 있다.

※ 말레이시아 서승현 선생님 navigator

지원동기	해외 근무 리얼 스토리	귀국 이후의 이야기
34쪽	195쪽	230쪽

해외로 나가 교사를 하겠다는 결심은 결코 쉽지 않다. 가고 싶은 나라와 학교 결정, 가족들과의 상의, 해외 생활을 위한 구체적인 계획, 관련 경력 준비, 지원서 작성, 면접 준비 등 해야 할 일들이 많고 많은 시간과 에너지가 필요하다. "왜 해외 학교에 근무하려고 하는가?"라는 질문을 받으면 단순한 호기심 이상을 설명할 수 있어야 한다. 과정이 쉽지 않고 준비를 열심히 한다고 해서 반드시 성공하는 것도 아니기 때문이다. 그만큼 자신만의 계기와 분명한 동기가 필요하다.

나의 경우, 국내에서 몇 년간 아이들을 가르치며 안정된 삶을 살았다. 한편으로 경험해 보지 못한 세계에 대한 호기심과 열망이 점점 커졌다. 그러던 중 교육부의 공식 해외파견 교사 선발 공고를 우연히 접하게 되었다. 마침, 교직 생활에 새로운 전환점을 찾고 싶다는 갈망이 있었고, 그것이 바로 실행으로 이어졌다. 백령도에서 근무하던 시절 실과 블록코딩을 지도하며 컴퓨터적 사고라는 말에 대해 깊이 알고 싶어 『알고리즘, 인생을 계산하다』라는 책을 사서 읽은 적이 있다. 인생의 지침서이며 지금도 바로 옆에 있다. 모든 인생의 의사결정을 알고리즘으로 생각하면 문제 해결에 도움이 된다고 한다. 그래서 파견을 가야 하는 생각을 정리해 보았다. 파견 합격은 희박하다. 당시 정보도 없었고 그저 막막하기만 했다. 막연히 가고 싶다는 감정만 앞서 시도했다가 실패했을 때 오는 좌절감과 부끄러움이 싫었다. 그래서 파견을 가야 하는 명확한 이유를 적어보고 우선순위를 정했다. 그 조건이 충족되지 않으면 실행하지 않기로 했다. 정리한 이유는 다음과 같았다.

첫째, 시야를 확장하고 싶다.

다른 나라에서 학생들을 가르치며 낯선 문화와 교육 방식을 직접 경험한다면, 내 교육관이 한층 더 풍부해질 것이라 믿었다. 나는 교대 시절 재외한국학교의 교육과정 운영의 실제를 주제로 연구비를 받아 중국 상하이한국학교에 다녀왔었다. 그곳에서 한 경험을 통해 막연히 해외로 나가면 국내라는 울타리 안에서만 얻을 수 없는 다층적인 시각과 교육적 통찰을 키울 수 있다는 기대감이 있었다.

둘째, 도전해 보고 싶다.

나는 겁이 많다. 고소공포, 무대 공포, 배·차멀미도 있고 물도 무서워한다. 우리 집에서 최약체다. 그래서 여행을 다니면서도 안전하고 익숙한 곳만 다녔다. 그래서 안정적인 교사가 됐는지도 모른다. 그러나 백령도의 거친 파도길과 고립된 환경에서도 내가 적응하는 모습을 보면서 인간은 환경의 동물이라는 생각이 들었다. 그러던 중 필리핀 세부에 가족들과 여행을 간 적이 있다. 네 가족의 첫 동남아 여행이었다. 동남아에 가면 남들 다 한다는 스노클링을 하기 위해 여러 장비까지 구입하고 야심차게 출발했다. 교대생 때 수영 실기 수업이 있어서 어느 정도 수영도 할 줄 알고 구명조끼도 준다고 하니 걱정이 없었다. 그런데 그날따라 바람이 세서 파도가 거칠었다. 필리핀 현지 크루들은 여유롭게 웃으며 겁에 질린 나를 바라봤다. 첫 번째 포인트에 도착했는데 멀미와 물 공포 때문에 겁에 질려 물에 못 들어가고 배 위에서 갈팡질팡했다. 내가 겁에 질려 있는 모습을 지켜본 아이들은 수영을 할 수 있는데도 물에 안 들어가고 싶어 했다. 그 모습을 보면서 가장인 아빠가 용기 있게 도전하는 모습을 보여줘야겠다는 생각을 했다. 세부 여행지에서도 아내와 나 모두, 영어 말하기에는 능숙하지 않았다. 아내는 내가 그나마 영어과를 나왔으니, 여행지에서 의사소통을 하게 했다. 영어를 꾸준히 공부해 온 것도 아니고 소심한 성격이어서 영어를 말하는 것에 자신이 없었다. 여행에서의 교훈은 파도와 물 그리고 영어에 익숙하지 않은 내 자신의 발견이었다. 어릴 적 친구들과 어울리는 편도 아니었고 스포츠를 좋아하는 편도 아니었다. 그리고 아버지가 늘 해외나 지방에서 근무를 하셨던 관계로 여행을 다녀본 적이 없다. 낯선 환경 자체가 익숙지 않았던 나였지만 우리 아이들에게는 그러한 내 모습을 닮게 하고 싶지 않았다. 그래서 자녀들에게는 어린이 수영장도 다니게 하고, 제주도 한 달 살기도 하고, 피아노, 바이올린, 승마, 실내암벽등반 등 유아가 할 수 있는 체험들을 많이 했다. 하지만 바다에서 겁에 질린 우리 가족의 모습을 보며 '아직 경험이 부족하구나'라고 느꼈다. 그래서 국내 환경만 고집하기보다 낯선 곳에서 나를 시험해보고 싶었다. 나의 한계는 어디까지인가? 교사로서의 역량은 어떤 상황에서도 아이들을 가르칠 수 있는 힘에서 나

온다고 생각했다. 도전 자체만으로도 그 과정을 지켜보는 내 아이들에게 나를 보며 조금 더 도전하는 삶에 대한 영향을 받을 수 있을 것이라고 생각했다. 그리고 해외 라는 미지의 무대에서 도전하는 경험은 또 다른 기회의 발판이 될 수 있을 것이라 고 생각했다.

셋째, 모두가 선택해서 온 곳을 가고 싶다.

백령도는 도전적 환경이었다. 고립되고 육지와 4시간 이상 떨어진 섬이었다. 파 도가 심할 때는 굉장히 고통스럽다. 날씨 조건이 맞지 않으면 배 출항이 통제되어 완전히 고립된다. 지금은 어떨지 모르지만, 당시 내가 근무했던 때에는 이러한 이 유로 교사들이 주말에 육지에 나가는 것이 군대 스케줄 근무처럼 계획되어 있었다. 이러한 환경임에도 모두가 지원해서 들어왔기에 환경에 대해서 불평하지 않았다. 그리고 그러한 환경을 동료 교사들과 함께 극복해 냈다. 그런 분위기가 좋았다. 문 제가 있으면 불평보다 방법을 찾으려고 애썼다. 그래서 백령도 모임은 현재까지 지 속되고 있으며 지난여름 방학 모임 구성원 중 6명이 백령도를 함께 다녀왔다. 이처 럼 내가 선택해서 지원한 곳은 후회가 적다. 그리고 그러한 사람들이 모인 곳은 좀 더 긍정적인 분위기이다. 그런 점에서 재외한국학교도 모두가 원해서 온 곳이라 좋 을 것 같았다.

넷째, 2년 이내 가고 싶다.

백령도에서 혼자 근무했을 때 35살. 아이들은 유치원생과 초등학생이었다. 파견 3년과 준비 과정을 계산했을 때 귀국 시기에 두 아이 모두 중학생이 되기 전에 오 고 싶었다. 백워드 수업 설계처럼 교직에서 마지막 목표이자 모습인 퇴직을 생각하 며 승진도 생각하고 있었다. 승진 준비를 위해 필요한 시간을 생각해 봤는데 최소

10년이라는 시간이 필요했다. 교감 승진을 하더라도 교장선생님을 그래도 한 번은 하고 은퇴하려면 최소 10년의 더 시간이 필요했다. 그래서 총 20년. 귀국은 42살 전에 들어와야 했다. 그래서 나에게 남은 준비 시간은 파견 3년을 제외하고 2년뿐이었다. 이유는 명확했고 시간은 2년밖에 남지 않았기에 나라 선택이 조건을 더 잴 시간적 여유가 없었다. 최적 멈춤. 그리고 실행이었다. 이런 이유들이 모여 나는 결국 해외파견의 길을 선택했다. 텝스 점수를 준비를 못 해 파라과이는 지원하지 못했다. 그다음 선택지로 올라온 나라가 이집트 카이로였다. 공고를 보고 텝스 접수를 하고 나니 한 달 정도의 시간이 남았었다. 그러나 이집트는 아내의 만류와 텝스 결과 발표일이 지역교육청 지원서 마감일 다음 날이어서 지원하지 못했다. 덕분에 다음 연도에 말레이시아에 지원하게 되었다.

이 정도면 내적인 동기는 정리가 된다. 내가 파견을 나가는데 외적인 문제를 아래와 같이 점검했다.

지원 당시 나이 36살, 경력 7년 차였다. 군 생활을 3년 반 하고 1년 뒤에 발령을 받아 남들보다 2년 반 이상 늦었다. 파견에 도전하는 최연소자는 군대를 가지 않는 여교사라는 가정하에 30살이므로, 36살이라고 해도 나이가 크게 걸림돌이 되지는 않을 것 같았다.

나의 경력 단절 문제도 있었다. 앞서 이야기한 바와 같이 늦은 발령과 길어진 군 복무로 같은 학번 동기들보다 경력이 적었다. 하지만 개인 연구를 마쳤고, 최소한의 섬 근무 점수도 모두 채웠다. 돌아와서는 대학원 졸업과 부장, 청소년단체 활동만 하면 된다고 생각했다. 파견 3년을 고려했을 때 40살 전에 한국에 복귀하더라도 커리어에 큰 문제가 없다고 판단했다. 실제로 40살에 교사가 되어 승진 준비를 하고 계신 선생님께서도 가능하다고 설명해 주셨다.

가족들의 상황도 고려했다. 아내는 백령도에서 학년부장과 업무부장 업무를 맡아 힘들어하고 있었기에, 동반휴직이 가능하다면 무조건 찬성이라는 입장이었다. 아이들은 초등학교 1학년, 2학년이었고, 저학년일 때 해외 생활에 적응하기도 비교적 수월했다. 언어를 습득하기에도 좋은 시기였다.

　경제적인 문제도 있었다. 아내가 휴직하면 수입이 줄어들지만, 재외학교 급여와 한국 집 월세 수입을 합하면 아내 월급만큼은 보전된다고 판단했다.

　양가 부모님은 모두 건강에 큰 문제가 없으셨다. 혹시 모를 일이 있다고 히더리도 예측이 가능한 것이 아니기 때문에 고민에서 제외했다.

　승진 가산점도 고려했다. 파견을 가면 승진 가산점을 받지 못하지만, 당시에는 3년 공백이 있더라도 돌아와서 부장교사를 하면 된다고 믿었다. 또한 공통 가산점 0.5점을 받을 수 있기 때문에 경쟁력이 있다고 판단했다.

　여기서 체크포인트는 이것이다. 단순히 "한번 나가보고 싶다"는 가벼운 마음이 아니라, 전문성·성장·현실적 고려·가족의 동행이라는 여러 층위의 동기가 모여야 비로소 결심이 단단해진다.

PART 2

합격 전략 :
지원부터 합격까지

해외파견 vs. 초빙, 차이와 선택 기준

해외 근무에 도전하기로 마음먹었다면 정보 수집을 시작해 본다. 다만 학교 현장에서 해외파견이나 초빙을 준비하는 동료를 찾기 어려운 경우가 대부분일 것이다. 직접 탐색하고 온라인 커뮤니티, SNS 등을 통해 일 년 정도 꾸준히 정보를 수집하며 차근차근 준비해 두면 좋다.

먼저, 파견으로 갈지 초빙으로 갈지를 정한다. 해외파견을 준비할 때 가장 먼저 파악해야 할 것은 두 제도의 차이다. 특히 '파견' 용어는 혼동되기 쉬우므로 주의한다. 국립국제교육원(NIIED)이나 아시아태평양국제이해교육원 프로그램도 '파견'이라는 용어를 쓰지만, 여기서 말하는 파견은 교육부 파견을 뜻한다.

	교육부 해외파견교사	초빙교원
공고 확인 경로	교육부 홈페이지 → 교육부 소식 → 채용공고에서 돋보기 검색창에 '파견'을 입력해 공고문을 확인한다.	재외교육기관포털 및 해당 학교 홈페이지의 초빙 공고문을 확인한다.
신분	교육공무원 신분을 유지한 채 타 기관으로 내신 발령이 난다고 이해하면 쉽다.	고용휴직(국내 근무지에서 휴직, 재외교육 기관에서 근무)
지원 요건	교육경력 7년 이상, 외국어 만점의 60% 이상, 한국사능력검정 3급 이상	통상 교육경력 3년, 중복 지원 불가 (연도·기관별 상이 → 공고문 확인).
	※ 1차 적격자 부재 시 추가 공고에서 자격 요건이 완화될 수 있다. ※ 우대 요건을 학교별로 제시하는 경우가 많다. (예: 고3 입시·특례 지도, 부장 경력 등) - 초빙에 해당	
보수 체계	원 소속 교육청에서 급여(본봉 등)를 지급하고, 현지에서 주택보조비·체제비 등을 별도 지급한다. 한국에서 급여를 받으므로 연금 기여금이 자동 납부되어 복귀 시 불이익이 없다. 연말정산을 진행한다. | 봉급	본봉(원 소속기관)
상여·수당	정근수당, 정근수당 가산금, 성과상여금, 가계보전수당
실비변상	명절휴가비, 직급보조비, 기타 관리업무수당, 왕복항공료
별도	체제비, 주택비, 수업지원비, 의료보험 등 → 연·기관·지역·학교별 상이하므로 반드시 공고문으로 최종 확인한다.		국내 급여 없음(실제 근무기관인 재외교육 기관에서만 급여 지급).
가산점	성과급·학폭 가산점 부여 가능(원적교 운영 여건에 따라 등급·가산점 유무가 달라질 수 있으므로 원적교와 상시 소통).	휴직 신분이므로 성과급·학폭 가산점·담임/부장 경력이 인정되지 않는다. 승진 가산점 없음.
참고	파견 학교·지역은 수시 변동되므로 정보 업데이트가 필수다.	지역·학교는 수시 변동되므로 지속적 관심이 필요하다.

해외파견과 초빙을 선택할 때는 개인의 상황에 따라 우선순위가 달라질 수 있으나, 공통적으로 고려해야 할 핵심 요소들이 존재한다.

먼저 파견과 초빙의 차이는 명확히 인지할 필요가 있다. 파견은 한국에서 지급되는 월급과 국내 경력이 그대로 유지된다는 점에서 결혼·자녀가 있는 가정에 안정적인 선택이 될 수 있으며, 초빙은 근무 국가에 따라 보수·근무 환경의 편차가 크므로 개인의 생활 여건과 목표에 따라 적합성이 달라진다. 해외 근무를 준비할 때 고려해야 할 요소를 정리하면 다음과 같다.

해외 근무지 선택 시 고려사항 ※ 우선순위는 개인 상황에 따라 다름.

☐ 경제적 여건: 현지 물가, 주거 비용, 교육비, 생활비 등을 반드시 사전에 검토해야 한다.

☐ 자녀 교육 환경: 자녀가 동반할 경우 국제학교·현지학교·한국학교 중 어떤 유형이 가능한지, 언어 적응과 학업 연계가 가능한지 확인해야 한다.

☐ 해당 국가의 공식 언어 및 언어 적응 난이도: 현지 언어 구사 여부는 생활 적응과 업무 효율에 직접적으로 영향을 준다.

☐ 국내 경력 유지 여부: 승진·가산점·근무평정 등 장기 경력 관리 측면에서 파견과 초빙이 미치는 영향을 신중히 파악해야 한다.

☐ 한인 사회(교민촌)의 규모: 한국 커뮤니티의 존재 여부는 생활 안정과 정서적 지지에 큰 영향을 미친다.

☐ 의료 시설 및 접근성: 응급 의료 체계, 병원 수준, 소아과 진료 가능 여부 등은 필수 확인 요소다.

☐ 운동·여가 시설의 접근성: 장기 체류 시 생활 만족도에 큰 영향을 미친다.

☐ 여행 및 이동 여건: 인근 국가 접근성, 항공편 수, 치안 등도 고려할 가치가 있다.

종합적으로 보면, 초빙과 파견을 선택할 때 가장 큰 기준은 경제적 여건과 자녀 교육 환경이다. 결혼 여부와 자녀 유무에 따라 우선순위는 달라질 수 있으므로, 개인의 상황에 맞게 이 두 가지를 중심으로 판단하고 준비하는 것이 바람직하다.

◎ Tip! 선택 기준

· 가족 동반을 계획한다면, 통상 교육부 파견이 경제적 조건과 경력 관리(가산점·연금) 측면에서 유리한 경우가 많다.
· 승진 가점이 필요하거나 신분 유지(연금·경력 인정)를 중시한다면 교육부 파견을 우선 검토한다.
· 특정 학교의 우대 요건에 강점이 뚜렷하고, 현지 보수·복지 조건이 충분하다면 초빙도 실익이 있을 수 있다.
· 참고로 국립국제교육원 '해외파견'은 고용휴직으로 분류되어 교육부 파견과 제도가 다르다. 반드시 해당 공고문으로 최종 확인한다.

◎ Tip! 한국학교와 재외국민학교의 차이(파라과이 사례)

한국학교와 재외국민학교의 차이는 파견 국가마다 학교의 지위와 조건이 크게 다르므로 다양한 사례를 참고할 필요가 있다. 아래 내용은 남미 파라과이한국학교와 한국 내 한국학교의 차이를 중심으로 설명한다.

1. 가장 큰 차이: 해당 국가에서의 학교 인가 여부
파라과이한국학교는 파라과이 수도 아순시온에 위치하며, 파라과이 정규 초등학교로 인가를 받기 위해서는 파라과이 역사와 과라니어(파라과이 공용어)를 필수 교과로 편성해야 한다. 그러나 한국 교육부의 지위를 받는 학교에서는 해당 국가의 역사와 언어를 필수 교과로 편성할 수 없다. 따라서 파라과이한국학교는 파라과이 내 정규 학교가 아닌 '비인가 교육기관'이다. 이로 인해 현지 재외국민 학생들은 다음과 같은 형태로 이원화된 학교 생활을 하게 된다.

- 오전: 현지 초등학교 정규 수업
- 오후 14:00-18:30: 파라과이한국학교 수업 참여
현지 교포 사회에서는 파라과이한국학교를 하나의 정규 학교라기보다 방과후 돌봄·보충 학습 기관 또는 학원 역할에 가깝게 인식하는 경우가 많다. 따라서 다음과 같은 상황이 자연스럽다.

- 현지 정규 학교의 행사가 있으면 한국학교 수업 결석

- 비가 많이 오면 등교 포기(도로 배수 문제가 심각해 금방 범람함)
- 학원에 가까운 개념이라 우선순위가 현지 학교에 있음

한국 내 학교에서만 경험한 교사들이 파견 초기 이러한 상황을 접하면 충분히 당황할 수 있다. 그러나 시간이 지나면 다음과 같은 점을 자연스럽게 이해하게 된다. 이해가 깊어지면 자연스럽게 감사함도 생긴다.

- 어려운 환경에서도 추가 비용을 내며 한국어·한국문화 교육을 받으려는 한인 가정의 선택
- 정규 학교 외에 또 하나의 학교를 다니는 학생들의 노력

2. 근무 시간·학교 운영 구조의 차이
이 구조적 차이는 자연스럽게 교사의 근무 시간과 업무 방식의 차이로 이어진다.

- 기본 근무 스케줄
  08:30 출근
  08:30-11:30 오전 회의·업무·수업 준비
  11:30-13:30 시에스타(siesta, 점심·오침 시간)
  남미 특유의 강한 더위 때문에 점심 이후 장시간 휴식을 갖는 문화
  13:30 교사 재등교, 학생 맞이 준비
  14:00-18:30 1~5교시 수업(각 40분, 쉬는 시간 10분)
  18:30 교사·학생 동시 하교

- 시설·환경
  학교 운동장, 야외 수영장 보유
  여름철 전교생 수영 수업 운영
  청소·위생 관리는 현지 직원이 담당하며, 위생 수준은 매우 양호한 편

- 수업 시수 문제
  오후 2시 시작·오후 6시 30분 종료의 동일 시정표를 모든 학년이 적용하기 때문에 1~2학년은 시수 초과, 5~6학년은 시수 부족 문제가 발생한다. 시수 부족은 항상 감사 지적이 되지만, 스쿨버스 운영, 형제 등교 시간, 동아리·학교 규모 특성 등의 현실적 제약 때문에 구조 개선이 쉽지 않다. 교육부도 사정을 이해하고 있지만, 재외학교의 특수성 때문에 단기간 내 해결은 어려워 보인다.

지원 전
필수 체크리스트 5

첫째, 초빙의 경우 소속 지역의 고용휴직 규정을 먼저 확인한다.

그 후 학교 관리자에게 미리 허락을 구한다. 시·도 교육청마다 규정이 다르고, 학교 관리자도 고용휴직 규정을 정확히 알지 못하는 경우가 있으므로, 교육청 인사담당 장학사에게 직접 문의하는 것이 좋다. 실제로 시·도 교육청의 규정 차이로 합격이 취소되는 사례도 있으므로, 지원서를 작성하기 전에 반드시 인사담당 장학사와 직접 통화해 확인하는 것이 안전하다.

둘째, 재외한국학교 교원 채용 공고문을 꼼꼼히 살펴본다.

공고문은 재외교육기관포털(https://okep.moe.go.kr/root/index.do) → 알림·소식 → 재외채용정보에서 확인할 수 있다.

K-에듀파인 공문으로 확인할 수 있는 경우도 있지만, 많은 시·도 교육청에서

는 학교로 공문을 보내지 않으므로 주의가 필요하다. 공고문에는 선발 과목, 인원, 자격 조건, 우대 조건, 계약 기간, 전형 일정, 제출 서류, 보수 및 복지 등이 안내되어 있다.

특히 자격 조건과 우대 조건을 우선적으로 확인해야 한다. 지원하는 학교에서 자신의 역량을 충분히 발휘하며 즐겁게 근무할 수 있는지가 중요하기 때문이다. 또한 보수와 복지 규정도 함께 검토한다. 월급과 주택보조수당이 적을 경우 생활이 어려워질 수 있으며, 자녀를 국제학교나 사립유치원에 보내야 하는 경우 생활비 부담이 커질 수 있다.

> ⊙ **Tip.**
> 경험상 교육경력 6년 차 교사가 배우자와 함께 근무한다면 하노이한국국제학교 수준의 보수는 생활하는 데 큰 무리가 없다.

셋째, 지원하고자 하는 학교의 홈페이지를 방문해 학교 소개, 입학 안내, 학교 소식, 학교 홍보 등을 확인한다.

근무할 학교의 교육철학과 활동을 이해하는 것은 매우 중요하다. 합격하면 최소 2년 이상 근무해야 하므로, 즐겁게 일할 수 있는 환경인지 미리 확인해야 한다. 예를 들어 하노이한국국제학교 홈페이지에서는 '도전', '시행착오', '포용'이라는 단어가 눈에 띌 것이다. 새로운 것에 도전하고, 시행착오 속에서 경험을 쌓으며, 다른 문화와 생각을 포용하는 자세는 교사로서의 성장을 돕는다. 또한 학교 홈페이지를 통해 국제 스포츠 교류 활동 등 새로운 아이디어를 구상할 수도 있다. 홈페이지의 정보는 자기소개서 작성과 면접 준비에도 큰 도움이 된다.

넷째, 지원하고자 하는 학교가 있다면 가능하면 사전에 직접 방문해 보기를 추천한다.

예를 들어 하노이한국국제학교를 방문해 학교 위치, 시설, 주거 환경, 교통, 치안, 날씨 등을 확인해 보는 것이 유용하다. 재외한국학교 근무는 단순한 학교생활뿐 아니라 방과후 여가활동, 주말 여행, 자녀 학원 등 일상생활 전반이 포함된다. 치안이 안전하고 일상이 편리하며 즐거워야 학교 업무도 원활히 수행할 수 있다. 따라서 방학을 이용해 근무를 희망하는 학교를 직접 방문해 보는 것을 권한다.

다섯째, 재외한국학교에 합격하면 최소 2년 이상 한국을 떠나야 한다. 따라서 현재 거주지 정리, 자녀 교육, 가족 생활 등도 미리 고민해 두어야 한다.

최종 합격 후에는 학기 말 생활기록부 작성, 학교 업무 마무리, 비자 신청, 이사 준비 등으로 매우 바빠진다. 실제로 최종 합격 후 중간에 포기하는 교사들도 있다는 점을 염두에 두어야 한다. 따라서 지원서를 작성하기 전, 합격 후 한국에서의 생활 정리를 어떻게 할 것인지 미리 계획을 세워 두는 것이 좋다.

지원 전 1년,
준비 전략

⊕ 기본 자격 확인하기

교육부 파견의 경우, 필수 자격 요건을 충족시켜야 한다. ① 7년 이상의 교직 경력, ② 공인된 외국어 능력 시험에서 60% 이상 점수, ③ 한국사능력검정시험 3급 이상이 이에 해당한다. 다른 분야 이야기이긴 하지만, 교육전문직 시험 준비와 같이 경력 산정에 군 경력 포함 여부를 놓치면 오판이 생길 수 있다. 예를 들어 군 경력 포함 시 경력이 앞당겨질 수 있으므로, 지원 공고와 서류를 꼼꼼히 읽고 준비하지 않으면 기회가 사라진다.

■ 해외파견 기본 자격
① 7년 이상의 교직 경력
② 공인된 외국어 능력 시험 점수 60% 이상
③ 한국사능력검정시험 3급 이상

🌐 한국사 3급 : 일단 취득하기

유효기간이 없는 한국사 3급을 우선 취득한다. 1급은 교감 자격 취득 시 필요하므로 불필요한 선행 취득은 지양한다. 시험은 접수 후 약 한 달 뒤 치러지는 일정이 많으므로, 접수 후 교재를 구입해도 무방하다. 자격시험은 문제은행 성격이 강하고 합격 기준 점수만 넘기면 된다는 점을 유념한다.

🌐 교직 경력 : 도래 시기 정확히 계산하기

파견의 경우 교직 경력 7년. 초빙이라면 학교마다 요구하는 교직 경력이 다르다. 정확한 기준이 어떻게 되는지 살펴보고 도래 시기를 정확히 계산해야 한다. 남교사의 경우 군 경력 포함 여부가 규정마다 다를 수 있으므로, 해당 규정을 정확히 확인하고 계산한다. 해당 규정을 정확히 확인하자.

🌐 외국어 6할 넘기기

외국어 능력 시험이 가장 큰 난관으로 느껴질 수 있다. 수험서 구입 - 인강 - 단어 암기 - 모의고사 풀이의 구조로 학습하기를 권한다. 실제로 집중도 높은 3주 모의고사 훈련만으로도 단기간 점수 향상이 가능하다. 텝스의 경우 뉴텝스 문항 수·시간 체계 차이를 사전 확인한다.

청해는 이동·운동·식사 시간에 반복 노출, 독해는 문법·어휘 약점 집중으로 보완하고, 최종 독해는 모의고사 병행으로 커버한다. 멘탈과 페이스 유지가 성적에 큰 영향을 준다. 핵심은 자격 확인(60% 이상)이라는 점을 잊지 말고 고득점에 집착하기보다 이후 영어 면접 준비에 자원을 분배한다.

⊕ 특기 : 초빙과 파견 공통 준비사항

해외파견은 지원자도 많고 경쟁률이 높다. 사전 스펙 관리와 경험 축적이 유리하다. 다만 해외 근무만을 위해 스펙에 매몰되면 불합격 시 심리적 후폭풍이 클 수 있으므로, 평소 무엇이든 배우는 태도로 업무를 수행하는 편이 건강하다.

지원서 경력란은 연차만큼 칸이 제한되므로, 부장·특색사업·방과후·거점학교 등 실무 경험을 계획적으로 확보한다. 작은 학교에서 방과후·오케스트라·돌봄교실(분리 진), 특색사업(중국어·일본어·골프 도요 방과후) 등을 모두 병행한 사례도 있다. 핵심 포인트는 어려운 업무일수록 차별적 경쟁 요소가 된다는 점이다. 필요한 경력은 관리자와 상담해 배정받거나, 교육청 지원단·연수·교과연구회 등으로 보완한다.

> ◎ **Tip 핵심 포인트**
>
> 어려운 업무일수록 차별적 경쟁 요소가 된다. 필요한 경력은 관리자와 상담해 배정받거나, 교육청 지원단·연수·교과연구회 등을 활용해 보완한다.

⊕ 언어와 악기 : 지원 항목에 없더라도 가점 요소

최종 결정 요소가 아니더라도, 동점 상황 등에서 언어 능력과 악기 지도 가능은 교육활동 확장성 때문에 유리하게 작용할 수 있다. 악기는 단기간 형성이 어려우므로 장기 준비가 바람직하다. 언어·악기 학습은 누적 시간이 효과를 발휘하므로 지금 바로 시작하는 것이 최적이다. 실수에 대한 두려움을 낮추고, 지속 가능한 방식으로 꾸준히 배워 보도록 한다.

🌐 건강 관리 : 타국 생활의 스트레스에 미리 대비한다

소규모 재외학교는 보결 확보가 어려운 구조다. 개인 건강 관리는 학교 전체의 교육과정 운영 안정성과 직결된다. 수면·식습관·운동의 규칙적 루틴을 기본으로 삼는다. 유산소 운동은 면역력과 기분 전환에 효과적이므로 걷기부터 시작한다. '아주 작은 반복'처럼 뇌가 저항하지 않을 정도로 쉬운 행동을 점진적으로 늘리는 전략이 유효하다. 카페인 의존은 금단·비용·환경 문제가 있으므로 적정화하고, 피로 신호 시 휴식을 우선한다. 현지 근무 중 러닝·트레일런·다이빙 등 환경 친화적 운동을 선택해 면역·정신 건강을 동시에 관리하는 방식을 권장한다.

🌐 취미와 경력 연결하기

전문적 학습공동체(교내·교간형), 교육청 행사·연수 등을 통해 취미 및 관심 분야를 전문성으로 전환한다. 적정한 긴장감, 정보 나눔, 네트워크가 레벨업을 가속해 줄 것이다. 모임은 의무감 중심이 아니라 의미·재미 중심으로 설계한다. 네트워크는 파견 정보·투자 인사이트 등 확장 기회를 제공한다. 예를 들어 플루트 연주로 교육청 행사 오프닝에 참여하거나, 배구 동호회에서 스포츠 강사 활동을 연계하여 체육 수입에 적용하기처럼 취미와 실무의 시너지를 만들어 둔다.

🌐 정보와 격려의 환경 구축 : 관심을 지속하고 포기하지 않는 에너지 얻기

주변에 재외학교·파견에 관심 있는 동료를 두고, 지속적 정보 공유와 상호 격려를 이어간다. 준비 과정 전반에서 포기하지 않는 태도가 핵심 전략이다.

해외파견 선발 과정
이해하기

　이제 실전이다! 실제 공고문을 파악하고 서류를 작성해 제출하고 면접 시험을 치러야 한다. 지금쯤이면 앞에서 설명한 기본 자격 요건 세 가지는 이미 준비해 두었을 것이다.

> ■ 해외파견 기본 자격
> ① 7년 이상의 교직 경력
> ② 공인된 외국어 능력 시험 점수 60% 이상
> ③ 한국사능력검정시험 3급 이상

　세 가지 조건을 채웠다면 이제 1차 시험, 2차 시험을 본격적으로 준비해 본다. 해외파견 선발 과정은 선발 공고가 나고 서류를 제출한 뒤, 서류 심사인 1차 시험, 면접 심사인 2차 시험, 그리고 현장 실사를 거쳐 최종 결정된다.

해외파견 선발 과정

선발 공고 및 서류 접수	1차 시험 서류 심사	2차 시험 면접 심사	현장 실사	최종 결정

⊕ 선발 공고

보통 교육부의 해외파견 공문은 늦가을에 공고되는데 때에 따라 다른 시기에 올라오기도 한다. 그래서 미리 준비하되 정보가 모이는 온라인 모임을 항상 살피며 준비해야 정보를 놓치지 않고 잘 준비할 수 있다. 초빙을 위한 재외한국학교 채용 공고문은 매년 10월 재외교육기관포털에 게시된다.

⊕ 서류 접수

지원서와 자기소개서를 작성해 제출한다. 제출 서류는 1차 서류심사뿐 아니라 2차 면접 심사와 현장 실사에서도 기본 근거 또는 참고 자료로 활용된다. 각 항목의 내용을 신중히 선정하여 정확하고 일관되게 기술해야 하며, 이를 위한 전략과 요령이 필요하다. 서류 작성 전략은 이 책 64쪽에 자세히 안내해 두었다.

⊕ 1차 시험: 서류 심사

1차 서류 심사는 외국어 능력 평가 결과를 환산 점수(100점 만점)로 적용하여 면접 대상자를 선정하는 절차이다. 외국어 성적은 「외무공무원임용령 시행규칙」 제12조제2항 [별표 4]의 외국어 능력 검정 결과 대비표에 따라 환산 점수로 산

출한다. 추천 대상자 자격요건에서 정한 외국어 및 국사 요건을 충족한 지원자 중에서, 환산 점수 고득점자 순으로 선발 예정 인원의 5배수 이내를 2차 시험 대상자로 선정한다. 또한 1차 시험 성적은 2차 시험(면접) 점수에 반영되지 않으며, 오직 2차 시험 대상자 선정 자료로만 활용한다.

· 동점자가 발생할 경우, 다음 순으로 우선순위를 적용하여 대상자를 확정한다.

① 보직교사 경력

② 총 교육경력

※ 단, 지역과 연도에 따라 차이가 있는 경우가 있으므로 공고문을 꼭 확인해야 한다

ⓔ 전북의 경우 1. 외국어 환산점수 고득점자 순, 2. 보직교사 경력 > 총 교육경력 순의 기준으로 5배수를 선정한다. 또한 전북은 교육부 요구 서류 외에 2개의 지역만의 서류를 추가로 받는다. 하나는 '파견 업무 수행계획서'이고 A4 3쪽 분량이다. 다른 하나는 '정책 제안 보고서'인데 이것은 7쪽 이상의 분량으로 파견 업무 내용이 추후 전북 교육정책이 미칠 영향에 대한 내용을 담아야 한다.

⊕ 2차 시험: 면접 심사

2차 시험은 면접 심사로 진행된다. 면접심사위원회는 공정한 심사를 위해 전문성을 갖춘 외부 인사 중심으로 구성·운영된다.

· 면접 심사 평가 영역

면접은 총 5개 평가 영역으로 구성된다. 이 다섯 가지 영역은 지원서 작성 단계에서부터 대비해야 하는 핵심 요소가 된다.

평가요소 및 배점					총점
공직적격성	전문성	인성	국제성	리더십	
20	30	20	20	10	100

평가요소	주요 내용
공직 적격성	공무원으로서의 기본 자세 및 봉사 정신, 적극적 업무추진 등
전문성	파견 국가의 특성 이해, 교육전문성(학생상담·교육기획 등), 교육행정력, 교육분야 국제교류 협력, 재외동포 교육정책에 대한 이해 및 준비 등
인성	선한 품성 및 대인관계 역량, 타인에 대한 존중 및 배려 등
국제성	글로벌 마인드 및 스탠다드 구비 정도, 적절한 해당국 언어표현 능력 등
리더십	관계·갈등 관리 역량, 문제해결·봉사역량, 대외협력·개척역량 등

· 면접 진행 방식

면접은 재외한국학교의 특성을 고려하여, 지원자의 전문성·인성·리더십 등을 종합적으로 파악할 수 있는 질문 중심으로 진행된다. 충분한 시간을 확보해 개인별 심층면접 방식으로 운영하며, 응시자가 제출한 지원서 및 서류 내용을 토대로 평가 영역별 자율 질의가 이루어진다. 면접 준비 전략은 이 책 *쪽에 자세히 안내해 두었다.

· 면접 합격자(현장 실사 대상자) 결정 기준

현장 실사를 진행할 합격 후보자는 다음의 기준에 따라 선정된다. 면접위원의 평점 중 최고점 1명과 최하점 1명의 점수를 제외하고, 나머지 면접위원의 평점을 합산 평균하여 1~3순위자를 합격 후보자로 선정한다.

평균 평점이 만점의 7할 미만인 경우, 불합격 처리하며 재공고를 통해 적격자를 다시 선발한다.

참고로, 2026년 파견교사 선발 계획에는 면접 동점자 처리 기준이 따로 공개되어 있지 않다.

즉, 면접에서 동일한 점수가 나왔을 때 어떤 기준으로 우선순위를 판단하는지는 공고문에 명확히 제시되지 않았으며, 해마다 운영 지침이 달라질 수 있다.

따라서 준비할 때는 반드시 그 해 발표되는 공식 공고문 기준을 다시 확인하는 것이 중요하다.

🌐 현장 실사

면접에서 합격 후보자로 선정되면 마지막 관문인 교육부 실사가 이어진다. 이 단계에서는 합격 후보자의 인성, 업무 추진 실적, 근무 태도, 대인 관계 등을 검증하기 위해 교육부 현장 실사가 실시된다. 실사 결과, 합격 후보자가 적격으로 확인되면 최종 합격자로 결정된다.

만약 면접 1순위 합격 후보자가 부적격 판정을 받는 경우, 2순위 또는 3순위 합격 후보자 중 적격자를 최종 합격자로 결정한다. 모든 후보자가 부적격일 경우, 재공고를 통해 추가 선발 절차를 진행한다.

교육부 실사는 언제 진행될지 공개되지 않으며, 실사 대상자 선정 여부도 공식적으로 사전에 통보되지 않는다. 학교에 실사단이 방문하면, 관리자 및 교직원과의 면담을 통해 후보자의 근무 태도와 인성, 협업 능력 등을 종합적으로 확인한다. 실사 결과가 긍정적으로 평가되면 최종 합격이 확정된다.

공고문 주요 내용 파악하기

우선, 학교별 공고문을 분석한다. 가장 중요한 기준과 해답은 공고문에 있다고 생각해도 과언이 아니다. 공고문에는 해외파견 교사를 선발하는 이유와 목적이 제시되어 있고 우대 조건이 명시되어 있기 때문이다.

첫 번째, 학교별 공문에서 합격에 영향을 미칠 우대 조건으로 어떤 사항을 명시해 두었는지 파악하는 것이 중요하다. 예를 들어, 영어 교사를 선발하는 경우에는 영어 전공자가 우대를 받으며, 교차 지도가 가능한 자격증을 갖추는 것도 유리하다. 실제로 교원 수급에 어려움이 있는 학교는 초등 담임을 맡으면서 동시에 중등 미술이나 정보 과목을 지도하는 경우도 있으므로 다양한 교과를 지도할 수 있는 역량이 중요한 평가 요소가 된다.

- **교원자격 확인**
- 초·중등 정교사 자격증 보유 필수(전공과목에 따라 우대/ 정보, 영어 등)

- **경력 요건**
- 파견과 초빙의 교직경력 요건은 다르다. 파견은 대체로 7년 이상의 교직경력이 요구되며 초빙의 경우는 역량에 따라 7년 미만의 경력자도 가능하다.
- 파견과 초빙 모두 교원자격증에 대해서는 1, 2급 모두 가능하나, 파견을 지원하는 선생님들의 스펙은 매우 높기 때문에 대부분 1급에 해당한다. 초빙에서는 2급 정교사 자격의 경우도 채용이 되는 경우도 있었다.

> 전임 교원으로 근무한 **실경력을** 의미하며, **파견(연수 등)기간은 포함**하고, **휴직(군, 육아, 연수 등) 기간은 제외**

- **우대 요건**
- 나이스 관리, 체육·예능 특기(태권도, 음악, 전통미술 등), 동아리, 방과후 운영 경험, 국제교류 활동 경험 등이 긍정적으로 평가된다.
- 특히 한국 전통과 관련된 특기는 재외한국학교의 공통적인 우대사항이다.

예를 들어 아래는 2019년도 선양한국국제학교의 파견교사 선발 시 우대 조건이다. 소프트웨어(SW) 교육과 스마트 교육이 활성화되면서 선양한국국제학교에 정보 교과가 신설되었고, 이에 따라 정보 수업이 가능한 교사에게 우대가 적용되었다. 또한 영어 코티칭이 가능한 교사에게도 가산점이 주어졌던 것으로 보인다. 이처럼 각 학교는 충원이 필요한 영역을 우대 조건으로 제시해 선발하므로, 지원자는 학교별 우대 조건과 해당 학교가 필요로 하는 교사상을 정확히 파악하는 것이 중요하다.

예 중국 선양한국국제학교 : 2019년도 파견교사 선발 시 우대 조건

구 분	대 상	인 원	우 대 조 건	공통조건
초 등	담임	4	**영어코티칭 가능자** 스카우트 담당 경험자 중등 미술, 사회, 과학, **정보 수업 가능자 우대**	·방과후 특기지도 가능자
중 등	국어	1	독서·논술지도 경험자	·해외학생 및 대학(특례) 입시지
	영어	2	TOEFL, TEPS 지도 가능자	도 유경험자

두 번째, 파견교사 주요 수행업무로 어떤 사항들이 명시되어 있는지를 파악하는 것이 중요하다. 이 내용을 기준으로 1차 서류 전형과 2차 면접 전형에서 어떤 사항을 추려서 강조할 것인지를 결정할 수 있다.

예 프랑스 한국교육원 : 2017년 파견교사 선발 계획 중

<파견교사 주요 수행업무>
- 프랑스 내 중등학교에 설치된 한국어 국제섹션의 학생 교육
- 프랑스 내 중등학교의 방과후학교 한국어수업 담당
- 프랑스한국교육원의 한국어교육 관련 업무 지원

🎯 Tip 지원 학교 선정을 위해 정보 탐색하기 : 학교 홈페이지

관심 있는 학교의 홈페이지에서 학교 소개, 학교장 인사말, 교육 목표, 교육과정, 특색 활동 등을 확인한다. 그 후, 자신의 교육 철학과 역량이 가장 잘 맞고 강점을 발휘할 수 있는 학교를 선택하는 것이 중요하다. 학교의 비전과 자신의 경험·역량을 연결지어 자기소개서에 구체적으로 어필할 수 있다.

예 하노이한국국제학교의 홈페이지를 통해, 교장 선생님의 교육 철학과 국제 스포츠 교류 활동이 인상적이라는 점, 학생 생활지도 및 선도위원회 업무 수행 경험이 있는 교사에게 적합한 환경일 것이라는 점을 짐작할 수 있다.

지원서 작성하기 :
자기소개서와 경력기술서 작성 전략

자기소개서와 경력기술서 작성은 시간을 충분히 투자해야 하는 핵심 준비 단계이다. 단순히 근무 이력을 나열하는 데 그치지 않고, 지금까지 수행한 다양한 교육 활동과 프로젝트를 구체적으로 서술하는 것이 중요하다. 예를 들어, 어떤 상황에서 어떤 노력을 기울였는지, 그 과정에서 어떤 어려움을 겪었는지, 그리고 그 결과 학생들에게 어떠한 긍정적 변화를 이끌어냈는지를 중심에 두어야 한다. 이를 통해 단순히 '무엇을 했다'가 아니라, '어떻게 성장했고, 어떤 교육적 가치를 실현했는가'를 보여주는 내용으로 구성한다.

특히 각 문장마다 자신의 교육철학이 자연스럽게 드러나도록 신경 써야 한다.

학생 한 명 한 명의 성장을 존중하며, 배움이 교실을 넘어 삶으로 이어질 수 있도록 지원하는 것이 교사로서의 핵심 책무임을 강조해야 한다. 다시 말해, 자기소개서와 경력기술서는 단순한 기록물이 아니라 교직 여정을 압축해 보여주고, 앞으로의 교육적 방향성을 제시하는 하나의 '교육 스토리'가 되어야 한다.

⊕ 사전 점검과 준비 과정

자기소개서 작성은 공고문이 게시되기 전부터 미리 준비를 시작하는 것이 바람직하다.

먼저 나이스 인사기록카드를 확인해 학력, 자격증, 연수, 포상, 연구 실적, 가산점, 학위 취득 여부 등을 점검하고, 누락된 부분이 있다면 교감이나 행정 담당자에게 요청하여 인사기록카드를 정정해 두어야 한다. 각 시·도교육청마다 인사기록카드 정정 기간이 다르므로 사전에 일정을 확인하고 수정하는 것이 좋다.

그동안 진행했던 교육 활동 자료도 하나의 폴더에 정리해 두는 것이 도움이 된다. 자기소개서를 작성할 때는 활동 내용뿐 아니라 증빙자료가 함께 필요하기 때문이다. 학생들과 함께한 활동 사진, 신문기사, 상장, 표창장, 연구 자료 등을 주제별로 구분해 모아 두면 자기소개서를 쓸 때 매우 편리하며, 시간을 절약할 수 있다.

자기소개서를 모두 작성한 뒤에는 반드시 맞춤법, 줄 간격, 표 정렬, 문장 부호 등을 점검해야 한다. 내용이 아무리 좋아도 기본적인 형식이 맞지 않으면 첫인상이 나빠질 수 있다. 실제로 재외한국학교 서류 심사 경험에 따르면, 형식이 정돈되지 않은 글은 읽기 어렵고 신뢰도가 떨어지는 인상을 준다. 따라서 중요한 내용은 한 문장으로 요약하고, 핵심어는 강조하며, 문장은 간결하고 명확하게 정리하는 것이 바람직하다.

🌐 지원서의 전략적 구성과 분석

지원서는 면접 기회 여부를 결정짓는 첫 번째 관문이다. 따라서 충분한 시간과 정성을 들여야 하며, 목표 학교의 요구와 필요를 분석하고 그에 맞는 내용을 전략적으로 구성해야 한다. 이를 위해 여러 합격자들의 지원서를 분석하고, 각자의 공통점을 찾아내는 과정이 도움이 된다. 일반적으로 목표 학교의 요구 분석 → 발전 방안 제시 → 학급 경영 계획 및 업무 수행 계획 제시 → 지원동기 작성의 흐름으로 정리하는 것이 효과적이다.

🌐 목표 학교의 정보 분석

지원서를 작성하기 전에는 학교 홈페이지를 철저히 분석해야 한다. 재외한국학교 홈페이지는 국내 학교보다 훨씬 많은 정보를 공개하고 있으며, 학교를 홍보하기 위한 성격이 강하다.

학교 소개, 교장 인사말, 주요 행사, 공지사항, 예산결산서 등은 학교가 어떤 가치를 중시하고 어떤 여건에서 운영되는지를 보여주는 자료다.

학교의 규모와 분위기를 파악하는 것도 중요하다. 소규모 학교는 가족적인 분위기, 대규모 학교는 행정 중심적 분위기를 지니는 경우가 많으며, 이에 따라 교사의 역할과 업무 방식이 달라진다.

재외한국학교는 교육부의 인가를 받았으나, 교육부 지원금과 학생의 수업료로 운영되는 사립학교적 구조를 가진다. 학교의 규모가 작을수록 재정적 제약이 있을 가능성이 높기 때문에, 지원자는 이러한 여건을 감안하고 현실적인 해결책과 대안을 제시하는 태도를 보여야 한다. 예를 들어 예산 문제 해결을 위해 특별활동 확대, 공모사업 추진, 학교 홍보활동 강화 등을 자기소개서에서 구체적으로 제안할 수 있다.

또한 학교의 교육활동 특성에 맞춰 자신의 경험을 연결하는 것도 좋다. 예를 들어 "학교의 SW교육 프로그램을 보고, 엔트리와 햄스터를 활용한 로봇 축구·미로 찾기 대회를 운영한 경험을 바탕으로 코딩 교육을 강화하겠다"와 같이 구체적인 사례를 제시하면 설득력이 높아진다.

🌐 실무 중심의 업무계획과 강점 제시

지원서는 단순한 이력 소개가 아니라 문제 해결 역량을 보여주는 도구이다. 따라서 지원 학교가 겪고 있을 현실적인 문제를 파악하고, 자신이 기여할 수 있는 부분을 명확히 기술해야 한다.

예를 들어, 학교에 전산 유지보수 담당자가 없다는 점을 확인했다면, "윈도우 백업 설정 및 고스트 파일 복구 시스템을 구축하여 전산장비 유지보수를 체계화할 수 있다"와 같이 실제 적용 가능한 업무 계획을 제시한다면, 전문성과 실용성을 동시에 보여줄 수 있다.

소규모 학교의 경우 예산과 학생 수 감소가 주요 과제인 만큼, 학생 유치와 교육활동의 다양화를 제안하는 것도 효과적이다. 예산 확보를 위한 공모사업 참여, 문화예술 및 방과후 프로그램 운영, 학부모 신뢰를 높이는 교육활동 홍보 등이 대표적이다.

이러한 제안은 실제 현장에서 실행된 경험을 바탕으로 해야 하며, 구체적인 수치나 프로그램 예시를 포함하면 신뢰도가 높아진다.

⊕ 특기와 교육활동의 연계

재외한국학교는 학교 규모나 지역 여건상 다양한 교육활동을 자체적으로 기획·운영해야 하므로, 특기와 교육활동을 연계하는 능력이 중요하게 평가된다. 예를 들면 다음과 같다.

· 음악교육: 저학년 오카리나 수업을 통해 음악적 감수성 함양 및 학년군 간 음악교육 연계
· 독서교육: STEAM 기반 독서교육, 도서관 활용 수업, 독서활동 행사 및 전시 운영 등의 구체적인 사례를 자기소개서에 포함시키면 좋다. 특히 음악, 미술, 외국어, 정보 등은 공통적으로 해외학교에서 수요가 높은 분야이므로, 관련 경험이나 역량을 명확히 드러내야 한다.

⊕ 협업과 조직문화 적응력 강조

재외한국학교는 전국 각지에서 다양한 배경을 지닌 교사들이 함께 근무하는 곳이다. 따라서 협업 능력과 조직 적응력이 매우 중요하다.

소규모 학교의 경우 모든 교사가 학년부장, 업무부장, 계원 등의 역할을 동시에 수행해야 하므로, 협업이 원활하지 않으면 업무 효율이 떨어질 수 있다. 따라서 자기소개서에는 '인화단결'과 '관계 중심적 태도'를 강조할 필요가 있다.

예를 들어, "교직원 간 협력을 위한 친목회 운영, 교내 동호회 활동 참여, 팀 단위 프로젝트 협력 경험" 등을 경력기술서에 함께 포함시키면 좋다.

이는 단순히 개인의 능력이 아니라 공동체적 리더십을 발휘할 수 있는 교사상을 보여준다.

⊕ 학급경영 및 수업운영 철학 제시

자기소개서의 마지막 부분에서는 학급경영 철학과 수업운영의 방향성을 구체적으로 제시한다. 단순히 수업을 잘하는 교사가 아니라, 자신만의 교육 브랜드를 가진 교사로서의 비전을 보여야 한다.

예를 들어 "학생 주도적 학급문화 조성", "삶과 배움을 연결하는 프로젝트형 수업", "협력과 존중을 기반으로 한 학급운영" 등 자신의 교육철학을 구체적인 사례와 함께 제시하면 좋다.

이는 교사로서의 전문성과 창의성을 드러낼 뿐 아니라, 지원 학교의 교육 비전과 얼마나 맞닿아 있는지를 보여주는 중요한 지점이다.

⊕ 마무리: 자기소개서는 '교사로서의 서사'

결국 자기소개서와 경력기술서는 단순히 '이력을 나열한 문서'가 아니라, 교사로서의 성장 서사이자 교육적 비전 선언문이다. 공고문 분석, 자료 정리, 형식 점검, 학교 이해, 실무 계획, 교육철학, 협력 역량 등 모든 요소가 어우러져야 완성된다. 이를 통해 '함께 일하고 싶은 교사', '학교의 비전과 방향을 공유할 수 있는 교사'로 자신을 보여주는 것이 최종 목표이다.

· 미리 준비하라: 인사기록카드, 교육활동 자료 정리

· 형식도 내용만큼 중요하다: 가독성, 문장력, 맞춤법 점검

· 학교를 분석하라: 규모, 비전, 재정구조, 특성 파악

· 체계적으로 써라: 문제 인식 → 해결 방안 → 실행 계획

· 관계 역량을 드러내라: 협업, 배려, 조직 적응력

· 나만의 철학으로 마무리하라: 학급경영·수업운영의 비전

장미림 선생님의 특급 강의!
스펙 관리 & 자기소개서 뽀개기

🌐 스펙을 정리하는 방법

지금부터 하려는 이야기의 결론은 이렇다. 내 교직의 모든 순간이 스펙이 된다는 것.

초빙이나 파견에 다녀온 교사들은 스펙이 화려할 것만 같다. 실제 몇십 대 일의 경쟁률을 뚫고 합격한 분들이 자신의 이력을 밝히면 누구라도 기죽기 마련이다. 하지만 이 글을 읽는 선생님도 이미 보통 교사는 아니다. 자기계발과 새로운 경험을 하기 위해, 편안함과 익숙함을 버리고 미지의 세계로 떠날 수 있는 이가 그리 많지는 않다. 자신감을 갖자! 그리고 아래 순서에 따라 함께 준비해 보자.

첫째, 내가 가고 싶은 나라의 최근 모집 공고를 찾아 관련 서류를 출력한다. 대부분의 해외 기관 지원서의 모습은 대동소이하지만 내가 희망하는 기관의 모집 공고가 따로 있다면 그것이 우선이다. 그전 공고와 비교하여 달라진 점이 있다면, 바뀐 부분이 최근 강조되는 부분이니 더욱 신경 쓰도록 하자.

둘째, 타자 치기보다 생각하는 것이 먼저다. 지키기 어렵겠지만 무엇보다 중요한 단계이니 꼭 따라주길 바란다. 지금 여러분이 저경력 교사건, 실경력 7년 이상의 교육부 파견을 응시해 볼 수 있는 교사건 이 과정은 누구에게나 필요하다. 특히 고경력 교사는 기억 저편에서 전생 같던 내 기억들을 떠올려야 하므로 많은 시간과 공을 들일 필요가 있다.

첫째 단계에서 준비한 희망 파견 기관의 자기소개서 양식이 지금 눈앞에 준비되어 있는가? 그렇다면 항목별로 하나씩 나와 관련 있는 사건들의 핵심 키워드를 떠올려 보자. 이 단계를 수월하게 설명하기 위해 교육부 파견 당시 내가 썼던 자기소개서의 항목들을 나열해 보겠다. 편의를 위해 번호를 매겨보도록 하겠다. ① 인적사항, ② 지원동기, ③ 주요 연구 실적 및 수상 경력, ④ 강의 및 연구회 주요 활동 경력, ⑤ 특기 및 주요 교육·업무 경험, ⑥ 본인의 강점과 약점, ⑦ 학급경영관, ⑧ 교과학습 지도 방안, ⑨ 파라과이한국학교에 대한 발전 제안(교육과정, 학사운영, 학생지도 중 택일), ⑩ 연수 및 연구 경력, ⑪ 외국어 능력(영어, 스페인어, 기타), ⑫ 교재 집필, ⑬ 보직교사 근무경력, ⑭ 정보화 관련 자격사항, ⑮ 전통예술교육 지도 경력, ⑯ 해외 교육기관 근무 경력 등이다. 이 항목들을 3수준으로 구분하고, 1수준부터 해결하도록 하자.

우선 답이 명확하게 정해져 있는 항목들을 1수준이라고 하자. 여기에 해당하는 항목들은 ① 인적사항, ⑪ 외국어 능력, ⑬ 보직교사 근무 경력, ⑭ 정보화 관련 자격사항, ⑯ 해외 교육기관 근무 경력이다. 여러분이 할 일은 NEIS나 해당 시험이나 자격증을 찾아 정보를 기입하는 일 정도이다. 지원서를 쓸 때 가장 신이 나고 자신 있는 부분이다. 하지만 쉽다고 소홀해서는 안 된다. 내가 서류에 기록한 자료는 추후 모두 증빙자료로 스캔해야 하므로, 답이 있는 자료를 찾았다면 한 곳에 모으거나 스캔해 둠으로써 문서 발송 버튼을 누르기 전 황금 같은 시간을 절약해 보자.

2수준은 답이 있다는 점에선 1수준과 같지만, 내가 준비할 시간을 충분히 갖지 못하면 이력이 되지 못할 가능성이 크다는 점이 다르다. 예를 들면 ③ 주요 연구 실적 및 수상 경력, ④ 강의 및 연구회 주요 활동 경력, ⑤ 특기 및 주요 교육·업무 경험, ⑫ 교재 집필, ⑮ 전통예술교육 지도 경력 등 그것이다. 2수준은 히루 안에 끝낸다고 생각하지 말자. 기억은 단기와 장기기억 저장소에 나눠 보관된다고 한다. 계속 골똘히 생각하면 머나먼 과거의 일들이 불현듯 떠오르기도 한다. 따라서 2수준의 항목들을 채우기 위해서는 기억의 출력을 위한 시간이 필요하다. 따라서 서류 준비는 공고가 뜨기 전, 바로 지금 시작해야 한다. 항목별로 떠오른 실적들의 키워드를 적고 시간 나는 대로 관련 공문을 찾아 정확한 공문명을 표 안에 채워보자. 순서 정리는 나중에. 지금은 양적으로 풍부한 브레인스토밍이 중요하다.

3수준 항목은 열린 질문들이다. 보통은 3수준이 가장 어려운 난이도지만, 1~2단계가 충실히 쥰비됐다면 오히려 2단계보다 수월하다 3수준에 속하는 항목은 ② 지원동기, ⑥ 자신의 강점과 약점, ⑦ 학급경영관, ⑧ 교과학습 지도 방안, ⑨ 파라과이한국학교에 대한 발전 제안 등이다. 이 단계를 해결하기 전에 다음 순서를 먼저 읽어보도록 하자.

셋째, 자기소개서의 칸을 채우고 나의 이력을 분석한다. 빈칸을 빼곡하게 많이 채웠다면 그만큼 그려낼 그림 재료가 많은 것이다. 충분히 자랑스러워하자. 하지만 다소 내용이 약하더라도 나의 경력들을 하나의 이야기로 꿰어낼 수 있다면 해볼 만하다. 경쟁력을 갖춘 자기소개서란, 내가 3수준에서 말하는 이야기를 나머지 1~2수준의 이력들이 탄탄하게 뒷받침하고 있는 구조물이어야 한다. 방법은 간단하다. 두 번째 순서에서 기록한 1~2수준 항목들의 내 이력을 자세하게 관찰한다. 어떤 경향성이 보이는가? 내 관심이 디지털 활용 수업, 독서교육, 인성교육, 세계시민교육, 오케스트라 지도, 스포츠클럽 중 어디에 집중되어 있는지 보일 것이다. 서류를 심사하는 분들은 지원자의 자기소개서에 채워진 이력들과 그가 쓴 자유 응답 사이를 관통하는 일관성이 보이면 신뢰도를 높이 평가할 것이다. 따라서 자신의 이력을 정확히 분석하고 3단계 열린 질문들을 맞춤형으로 준비하여 내가 그동안 살아온 인생과 내가 앞으로 그리는 인생이 잘 일치하는 사람으로 보이도록 하자.

서류 심사를 통과해야 면접의 기회가 온다. 경쟁력 있는 자기소개서를 써야 심사위원 눈에 들고, 1차를 통과해야 나의 강점을 대면으로 어필할 수 있는 면접의 기회가 온다. 위의 순서대로 나만의 강력한 자기소개서를 작성하기 바란다.

⊕ 합격자 스펙과 연계하기 꿀팁

| 연구 실적 및 수상 경력

나는 대학교 졸업 및 초등교사 임용과 동시에 대학원 과정을 시작했다. 전공은 초등영어교육이었고, 교수가 되는 꿈을 꾸진 않았으나 재학 기간 이후에도 교수님께서 연락을 주시면 함께 공동 연구를 하거나 학회에서 사례 발표를 할 기회를 주시면 마다하지 않고 참여했다. 당시 나의 이력은 2011년 광주교육대학교에서 GETA(The Global English Teachers Association) 학회가 열렸을 때 '방과후 영어독서 지도(다독) 사례'를 발표했던 내용이고, 학회지 해당 페이지와 발표 당시 사진을 증빙서류로 제시했다. 사례 발표장에는 모르는 사람들뿐이었고, 나의 순간을 기록해 줄 이가 따로 있지는 않았다. 지금처럼 소중한 일상들을 SNS나 브이로그로 담던 시절이 아니었기에 학회 당일에 나에겐 제법 큰 용기가 필요했던 일을 했다. 첫 줄에 앉은 분께 내 핸드폰으로 사진 한 장을 찍어 달라고 부탁하고 시작한 일이다. 아이를 낳고 만든 블로그에 하루하루 일상을 사진과 텍스트로 남기는 것이 습관이 되었기에 가능했다. 어떤 방식으로든 자신의 일상 기록은 해외파견, 학습연구년, 파견 및 교육전문직에 이르기까지 내 인생의 어느 특정한 부분을 매듭지을 때 유용한 자료로 쓰인다. 꾸준한 사진 남기기와 텍스트 기록을 하기 바란다.

연구 실적 및 수상 경력 항목에는 석사나 박사 학위 논문, 학회지 논문, 정책 연구물, 각종 대회 수상 경력 등을 쓸 수 있다. 석사나 박사 과정을 마치신 분들은 이 부분을 채우는 게 어렵지 않다. 하지만 그렇지 않은 분들은 집중하자. 위의 예는 예시일 뿐이다. 어떤 상황이든 빈칸은 좋지 않다. 빈칸인 상황에선 상상력을 발휘하자. 해당 항목과 경력 간의 적합성을 고민하는 것은 심사위원의 몫이다. 나는 내가 한 교육활동을 문서화했다면 모두 연구물이라고 생각해야 한다. 그동안 참여했던 연구회나 전문적 학습공동체의 보고서, 선도학교와 연구학교 운영 보고서, 도교육청이나 교육지원청에서 펴내는 각종 활동 모음집이나 정책 자료 편찬에 기여했다면 모두 연구 실적이 될 수 있다. 지금부터 우리는 자료를 어떻게 관리해야 할까? 내가 속한 연구회나 지원단에서 발행한 결과물은 당해 연도에 확보하고, 보고서에 내 몫을 보태도록 하자.

강의 및 연구회 주요 활동 경력

강의 경력에는 영재교육원에서 강의한 내용을 적었다. 국어논술 2년, 영어 1년, 수학 1년의 활동을 과목별로 각각 다른 칸에 넣었다. 연구회 활동란에는 교내 교사 영어자생클럽을 2년간 회장으로 이끌었던 경력을 썼고, 방과후 영어체험실에 영어 픽처북과 챕터북을 구비하고 학생들에게 다독 훈련을 시켰던 내용을 주로 골자로 했다. 돌이켜보면 이 시절 방과후 독서 지도 활동을 근거로 학회에서 다독에 대해 발표할 기회가 생겼다. 교직 21년 차에 느끼는 스펙에 대한 내 생각은 이렇다. 지금 내 앞에 놓인 과제를 충실히 하고, 그와 관련해 주변 사람들이 연결해주는 새로운 일할 기회에 감사하며 참여하자. 모든 경력은 꼬리에 꼬리를 물고 이어진다. 새로운 일은 나를 자극시키고 성장하게 한다. 두려워 말고 즐겨라.

④ 강의 및 연구회 주요 활동 경력	
활동 년도	주요 활동 내용
2009-2010	남원교육지원청 영재교육원 국어논술반 강의
2010	남원시 위탁 남원교육지원청 영재교육원 영어반 강의
2011-2012	영어자생클럽 회장 역임(Deokil English Reading Mentor, 전라북도교육청)
2015	전주교육지원청 영재교육원 수학반 강의

선생님 중에 특정 분야에 강의를 하거나 책 집필이나 유튜브 활동을 통해 부수입을 올리는 분들이 늘고 있다. 내가 교육부 파견에 지원할 때만 해도 주변 선생님들이 "거길 왜 가?", "돈 줘도 안 가겠다." 하신 분들도 많다. 사실 지금도 그런 분들이 대다수다. 하지만 10년이 지난 지금, 외국에서 근무를 했다는 이유만으로 나는 전국의 여러 선생님들과 만날 기회가 생기고 우리 지역 연수원에서도 관련 강의를 여러 번 하고 있다. 내가 지금 하는 일을 열심히 해서 어떤 일을 해내면 그것이 발판이 되어 다음 기회가 생긴다. 외국에 가고 싶다는 열정으로 용감하게 지원했고 근무를 한 일은 이후 내 모든 일에 특별한 이력으로 따라다녔다. 가기 전에는 상상도 못한 부수입이다. 지금 당장 수입으로 연결되지는 않더라도 이익을 따지지 말고 주변을 돕는 일에 적극적으로 나서보자. 선한 영향력

은 뇌신경망처럼 연결되어 퍼져나가고 나 또한 이롭게 한다.

| 특기 및 주요 교육·업무 경험

특기로는 영어와 음악 두 영역으로 나눠 기록했다. 3챕터 〈스펙을 정리하는 법〉을 기억하는가? 자기소개서의 항목 중 1과 2수준의 항목들을 채우고 '나의 이력을 분석해라'는 세 번째 순서가 있었을 것이다. 나는 대학교에서 국어교육을 전공했고, 대학원에서 초등영어교육을 전공하여 영어에 관련된 일들을 자주 했다. 파견도 그렇고 석사나 연구 실적, 연구회 활동도 영어가 많았다. 어려서부터는 전공 생각은 없었지만 여덟 살부터 꾸준히 바이올린 레슨을 받았다. 해당 특기가 있어서 학교에서 독창이나 합창, 현악부 예능 경연대회 준비 같은 업무가 나에게 오곤 했다. 내가 기입했던 내용은 다음과 같다.

⑤ 특기 및 주요 교육·업무 경험		
특 기	**영어**	TEPS 767점
		TOEIC 840점
		TEE-Expert 인증교사
		한국교원대학교 영어심화연수 6개월 파견(Montana 주립대학, 미국)
		영어수업연수 캐나다 파견(Humber 주립대학, 캐나다 토론토)
	음악	음악(기악) 기능장 보유
		중·고·대학교 관현악단 활동(바이올린)
		피아노, 단소, 가야금 연주 가능
주 요 교육·업무 경 험	부장 경험: 교육복지부장 연구학교 근무: 2년 전라북도교육연구정보원 전북e평가 영어 문항개발위원 역임(2013-2014) 전라북도교육연구정보원 독서퀴즈 문항개발 지원단 역임(2014) 교육지원청 영재교육원 영재교사 국어, 영어, 수학 역임(2008, 2009, 2015) 전라북도 초등교원 임용고사 최종 수업실연 및 영어면접 책임심사위원(3회) 예능대회 수상경력: 남원시 예능경연대회 독창 부문 금상(피아노 반주 및 지도), 동 대회 바이올린 단체부 은상(방과후 지도 3년), 전북대학교 콩쿨 초등 중창단 부문 금상 1회, 은상 1회(지도 교사상 수상)		

이 내용을 보니 어떤 생각이 드는가? 그렇다. 강의 기록 항목에 썼던 영재교육원 강의 내용을 중복해서 적었다. 이곳은 주요 교육·업무 경험에 대한 부분이다. 내 임용 이후의 삶에만 제한하지 말고, 나라는 사람이 희망 파견 기관에 적합하다고 주장할 수 있는 부분을 전부 떠올려보자. 그리고 그것을 그동안의 나와 관련된 교육 활동 및 업무에 연결하여 정리해보자. 여기서도 반복된다! 스토리를 구상하고 난 후에 정리한다. 나를 선택할 수밖에 없도록 영민하게 설계하자.

나중에 합격하고 알았지만, 파라과이한국학교는 사물놀이와 부채춤 이렇게 두 개의 동아리 활동을 하고 있었는데, 내가 파견된 해에는 설장구를 수준급으로 연주하는 초빙교사의 채용 기간이 1년 남아 있었다. 그분이 남고 나머지 세 분 선생님이 귀국하는 해였기 때문에, 새로 채용할 선생님 중에 부채춤 지도를 이어갈 이가 필요한 타이밍이었다. 정말 다행이었다. 사물놀이가 아니라 부채춤 지도 교사가 필요한 때여서. 둘 다 경험 없기는 매한가지였지만, 사물놀이 자리가 빈 해였다면 사물놀이 실력자가 뽑혔을 것이다. 부채춤 지도에는 나의 예능대회 지도 경력들이 어느 정도 경쟁력이 있었을 것이다. 초빙 교사를 뽑는 학교들은 우대 경력 칸에 힌트를 주는 경우가 더러 있는데, 파라과이의 경우는 그렇지 않아서 감을 못 잡았다. 나는 운이 좋아 내가 가지고 있는 나의 경력과 연관된 자가 우대되는 채용 상황에 놓였을 뿐, 나의 능력치가 최고여서 뽑힌 것이 아니다. 합격자들은 이 사실을 너무나도 잘 알기에 하나같이 이렇게 말한다. "운이 좋았어요."라고.

재외학교는 한국어와 한국 전통문화 교육이 공통으로 강조되기 때문에, 관련 영역의 스펙이 있는 분들이 유리할 가능성이 크다. 하지만 개교나 안정적인 학교 운영, 한인회 및 교육문화원과의 협업 등 여러 가지 이유로 협력적이고 의사소통 역량이 뛰어난 성실한 교사가 필요한 상황이 더 많다. 실제 내가 파견되어 있던 2016년에서 2018년 사이에 중국 웨이하이에 재외한국학교가 개교했다. 이때 교장선생님 한 분과 초등 교원을 교육부 파견으로 선발했다. 해외 근무를 꿈꾸던 이들에게 한국에서 가까운 나라에 이렇게 많은 수의 파견 공고가 난 것은 정말 행운이었을 것 같다. 한국에서도 개교 후 학교가 안정되기까지 몇 년은 교사로서 일하기가 녹록지 않다. 더더군다나 재외에서 교육부의 지휘를 받아 개교하는 상황이라면, 주기가 짧은 초빙 교사보다는 3년 주기의 교육부 파견교사가 필요한 상황이었을 것이다. 이 경우 우리나라에서 가깝고 선호하는 인기 지역이라 할지라도 한시적으로 교육부 파견을 선발할 가능성이 크다. 준비하고 기다리는 자는 기회를 잡을 수 있다. 전통문화에 관련된 특기가 없다고 해서 포기하지 말고, 현재 내가 맡은 주요 업무와 교육 활동에서 전문성을 인정받도록 하자.

┃연수 및 연구 경력

교원의 경우 1년에 60시간 정도의 연수는 기본으로 받고 있을 것이다. 의무연수 Ⅰ, Ⅱ에 관심 있는 분야의 연수 한두 개만 받아도 100시간을 훌쩍 넘기는 분들도 많다. 연수 항목은 자격연수, 일반연수(60시간 이상), 직무연수(60시간 미만)의 세 종류로 나뉘어 있다. 관리자가 아닌 경우 초·중등 교원에게 자격연수는 1정 연수가 되겠다. 나머지는 60시간을 기준으로 골라보자. 받은 연수는 많고, 그걸 적을 칸은 제한되어 있다. 무엇이 필요할까? 그렇다! 선택과 집중을 해야 한다. 해외 근무에 직·간접적으로 관련된 연수를 우선 선택하자. 내가 적었던 내용을 보도록 하자.

⑩ 연수 및 연구 경력					
종별	연수(연구대회)명	기간	시행청	성적	기타
자격연수	초등1급정교사자격연수	2009.7.21.~8.25.	전라북도교육연수원	○○	
일반연수 (60시간 이상)	전통문화체험	2009.1.9.~1.23.	전주교육대학교	○○	
	Songs&Chants를 활용한 초등영어지도	2011.5.16.~6.19.	EBS원격교육연수원	○○	
	알면 알수록 재미있는 디카	2013.7.25.~8.25.	유니텔원격교육연수원	○○	
직무연수 (60시간 미만)	TEE전문가과정연수	2012.8.6.~8.10.	EBS원격교육연수원	○○	
	탈북학생 지도교사 직무연수	2015.1.21.~1.22.	인천광역시교육청		점수 미산 출
	생활지도 및 상담코칭 전문가과정	2015.7.27.~7.31.	전북대학교 상담코치연구소		
각종 연구대회	2015 인성교육실천사례 연구대회	2015.3.~11.	전라북도교육연구정보원		
학위	석사(○)/박사( )	논문제목: 구성주의에 바탕을 둔 초등영어교실수업관찰연구 (초등교육연구, 2007)			

교사의 경우 1정 연수를, 관리자의 경우 해당 자격연수를 기록한다. 고경력 교사는 4학점(60시간) 연수가 여러 개 있을 가능성이 높다. 하지만 저경력 교사의 경우 60시간 연수가 없다면 승진 준비와 상관없이 들어 두길 권한다. 다른 부분은 상상력을 발휘해 적을 수 있지만, 연수 기록은 지어낼 수 없는 영역이다. 4학점 연수의 경우 연수 기간과 출석 고사, 이후 성적이 나오기까지의 기간이 상당히 소요되므로 시간 여유가 있을 때 미리미리 들어두자. 다시 한번 말하지만, 칸을 비워두는 것은 좋지 않다.

나의 경우 일반연수와 직무연수에서 각각 3개씩을 신중하게 골랐다. 심사위원의 관점에서 해외 근무와 연결되어 있다고 느껴질 만한 것이 무엇인지 기준으로 생각했다. 내 모교 전주교육대학교는 전주의 한옥마을에서 멀지 않은 곳에 위치해 있다. 2009년 당시엔 한옥마을이 지금처럼 상업화되지는 않았으나, 전통 체험을 하고 싶다면 가능한 곳들이 그때에도 충분히 있었다. 2009년 겨울방학에 집에서 연수 없이 편히 쉴 수도 있었으나, 한옥마을에서 다도를 배우고 약식을 만들고 연잎 꽃밥을 먹는 일은 태교에도 좋을 것 같았다. 연수 당시엔 한옥마을의 다양한 장소에서 전문가들에게 배운 전통문화 체험이 좋아서 다녔지만, 생각없이 들어둔 이 연수가 60시간이었다는 것을 발견하고 쾌재를 외쳤다. 연수 제목에서도 느껴지는 전통문화의 향기. 혹시 앞으로 준비할 시간이 남은 분들은 이걸 생각해보면 어떨까? 우리가 어떤 과정을 준비할 때 연수의 '과정(커리큘럼)'까지 증빙하지는 않는다. 그렇다면 연수 제목이 명시적으로 내가 가고자 하는 진로와 연계된 것을 선택하자.

'알면 알수록 재미있는 디카' 연수 제목을 보고 고개를 갸웃하는 저경력 교사들이여, 저 때는 그것이 요즘의 '생성형 인공지능을 활용한 업무 시간 줄이기'만큼이나 힙한 주제였다는 점을 생각해주기 바란다. 연수를 선택했을 당시에는 해외여행을 나갈 때 좋은 DSLR을 가지고 고화질 사진을 찍어 블로그에 기록을 남기는 것이 매우 유행이었다. 이 연수 실적을 선택한 이유는, 나라는 사람이 새로운 기술과 문화를 경계하지 않고 실습 위주의 실행 연수를 즐겨 받는 교사라는 인상을 주고 싶었기 때문이었다. 이것이 실제 영향이 있었는지는 알 길이 없지만, 내가 파라과이한국학교에 가서 첫 해에 맡은 업무 중 하나는 홍보였다. 입학식에서 졸업식까지 학교의 모든 행사를 사진으로 기록해 홈페이지에 업로드하고, 한인회 지역 신문에 기사를 보내는 일이었다. 한인회 신문에는 학교의 알림장처럼 학교와 대한민국 본토 및 기념일 행사 기록이 올라간다. 요즘 우리나라는 개인정보 보호가 강해져 학교 홈페이지 접근이 어려워 폐쇄형 학급관리 플랫

폼에서 회원 가입 후 접하는 사진이 학교행사 기록의 대부분이다. 뒤에서 한국의 학교와 재외학교의 차이를 더 자세히 다루겠지만, 우리가 근무하게 될 학교는 그 나라와 지역의 교포를 위한 '유일한 학교'다. 홍보가 매우 적극적으로 이루어지므로, 이 부분을 활용할 수 있는 스토리를 만든다면 강점이 될 수 있다. 결국 나는 학교의 DSLR을 손에 쥐게 되었다. 어떤가? 나의 연수 기록과 연관이 있어 보이는가? 나는 그렇게 생각한다. 무의미한 경험은 없다. 내가 그 일에 어떤 의미를 부여하느냐에 따라 그 가치가 달라질 뿐이다.

영어에 대해서는 이야기가 많이 나왔으니, '탈북학생 지도교사 직무연수'에 대해 살펴보자. 전주에서 근무했던 학교 중 하나는 탈북학생 거점학교였다. 지금 생각해보니 한국에서도 흔치 않은 학교라는 생각이 든다. 당시 나는 교육복지우선지원사업을 담당했는데 다문화가정도 우리의 지원 대상이었다. 물론 북한이탈주민 가정도 포함되었다. 탈북학생 담임을 한 경험이 있었지만, 그 학생은 조용한 여학생이었고 한국어 실력도 좋아 교과나 생활지도에 큰 어려움은 없었다. 그러나 탈북가정 지원은 다른 문제였다. 해당 가정끼리 너무나 긴밀하게 연결되어 있어 각 가정에 맞는 지원이 다른 경우 차별로 받아들였고, 학교에 요구할 일이 있을 때는 전화를 하지만 학교에서 거는 전화는 잘 받지 않는 특징이 있었다. 여러 상황에 답답함을 느끼던 나는 인천에서 1박 2일 일정으로 열린 '탈북학생 지도교사 연수' 공문을 보고 같은 학교 동료 선생님과 함께 신청했다. 2015년의 일이다. 가서 많이 놀랐다. 그들이 생사를 걸고 감행한 탈북 과정과 제3국을 거쳐 한국에 오기까지의 일을 그렇게 자세히 듣지 않았다면, 나는 아마 그들을 이해하지 못했을 것이다. 업무를 잘해보고자 신청한 연수였지만, 다양한 문화적 배경을 지닌 사람들에 대한 관심은 여전했다. 10년이 지난 지금 해외 근무를 희망하는 선생님들께 권하고 싶은 것은 '다문화 학생 지도' 관련 전문성 신장이다. 전북의 경우 다문화가 급속히 증가해 국내 출생 학생뿐 아니라 중도입국 및 외국인 학생의 비중이 높아지고 있다. 서울 및 일부 대도시를 제외하면 대부분의 지역이 비슷한 상황일 것이다. 남은 교직 인생에서 우리가 접할 교실 환경은 다양한 국적의 학생들이 포함될 것이기에, 다문화 지도 역량은 앞으로 더욱 부각될 블루오션이자 해외파견과도 직접적으로 연결되는 필수 역량이다.

연구대회 실적이 필수냐고 묻는다면 답하기 어려운 질문이다. 파견 교사를 선발하는 상황에서 가장 중요한 것은 수업 능력이다. 그러니 수업하는 모습을 직접 보는 데는 한계가 있고, 그 상황에서 수업 전문성을 증명하기에 연구대회 보고서는 설득력 있는 자료다. 요즘은 연구대회에 수업 실연이 포함되기도 하고, 수업 영상 제작 등 다양한 방식으로 수업 아이디어를 증명할 방법이 많아지고 있다. 혹은 수업 나눔 박람회나 학교 밖 수업공개 실적도 해당 영역의 확장판으로 볼 수 있다. 지역이나 전국 단위 연구대회의 등급이 전부는 아니다. 중요한 것은 '올해 나의 수업 고민은 무엇이었고, 그 문제를 해결하기 위해 어떤 시도를 했으며, 그 결과가 어땠는가'를 정리한 노력이다. 실제로 연구대회를 통해 교사 효능감을 찾거나, 등급과 무관하게 연구대회를 교사 한 해 농사의 결과물로 여겨 꾸준히 기록을 이어가는 분들도 있다. 나도 해외파견 전에는 결과 보고서를 제출했지만 등급을 받지는 못했다. 그래서 위의 표에 보면 성적이나 등급 칸을 기록하지 못했다. 상상력을 발휘하라고 했지, 거짓 정보를 기입하라고 한 것은 아니다. 증빙 가능한 일만 적도록 하자.

파견을 마치고 귀국한 뒤 시도한 대회는 여러 번 전국 수상으로 이어졌다. 등급을 받고 나서야 깨달았다. 그전에는 보고서를 마무리하고 제출하는 경험이 없었다면, 성공하기 어려웠을 것이라는 점을. 교사 개인의 수업 성장을 위해 자신의 관심 분야 연구대회에는 꼭 도전하기 바란다.

| 외국어 능력

외국어의 경우, 해당 국가에서 사용하는 언어가 영어 외에 따로 있다면 해당 언어 시험 점수로 외국어 기준을 통과할 수 있다. 만약 교육원장으로 파견할 때 해당 국가의 업무 수행 능력에 그 나라 모국어 사용 능력이 절대적으로 필요한 경우, 해당 외국어 점수에 가산을 주는 경우도 있다. 따라서 독일이나 프랑스처럼 영어 외에 외국어를 사용하는 국가에 도전할 경우, 다른 스펙에 비해 해당 국가의 언어 능력이 중요한 경쟁력이 될 수 있다. 이는 우리 교포 학생들을 지도하는 재외학교보다는 외국 학생들을 대상으로 하는 유럽 교육문화원의 경우가 그렇다.

파라과이는 남미에서 스페인의 식민지 지배를 받았던 대다수 나라 중 하나였고 스페인어가 모국어이다. 2015년 공문을 받고 서류 제출 기한 내 시험을 볼 시간적 여유가 없었다. 그동안 교사에게 제한되어 있던 교육부 파견이 예고 없이 갑자기 열려, 기한 내 제출할 영어 점수가 있다는 것만으로도 감사했다. 2015년 8월 주말에 토익(TOEIC) 시험을 접수했던 이유는 근무하던 학교의 다면평가 기준 때문이었다. 연구 영역에 동아리나 연구회 활동이 없다면 영어 시험 점수 기준점 이상을 제출하면 해당 조건을 충족할 수 있었다. 아마도 대외활동이 어려운 분들의 요구에 의해 마련된 조건이었을 것이라고 생각한다. 생각 없이 방학 전 접수했고, 까맣게 잊고 지내다 시험 당일 아침에 남편이 깨워서 그 길로 연필과 지우개만 들고 시험장에 갔던 기억이 난다. 그때는 다면평가 점수 채우려고 봤던 시험이 나를 파라과이행 비행기에 태워준 셈이니, 지금 생각하면 정말 운이 좋았다. 여기서 말하고 싶은 것은, 큰 욕심 없이 한 작은 일들이 모여 기적을 이루기도 한다는 것이다. 보통의 일상을 소중히 여기고 소소히 채워가다 보면, 기회가 왔을 때 잡을 수 있다.

특기 사항에는 텝스(TEPS) 767점과 토익(TOEIC) 840점을 증빙할 서류가 있어서 기재했다. 하지만 외국어 능력 칸에는 최근 2년 내 응시한 시험 성적만 기록이 가능하여, 점수가 더 낮지만 유효한 성적을 적었다. 기재한 사항 중 지켜야할 부분은 정확히 지켜야 한다. 대신 다른 영역에서 자유롭게 부각시키면 된다.

⑪ 외국어 능력					
종별	능력시험 종류	등급 또는 점수	시행청	시행일자	기타
영 어	TOEIC	810	ETS	2015.8.30.	
스페인어					
기 타					

교육부 공통 지원 자격은 다음의 세 가지다. (경력) 교육경력 7년 이상인 사람, (외국어) 외국어 시험 만점의 6할 이상 득점자, (국사) 한국사능력검정시험 3급 이상 합격자. 그런데 갑작스럽게 공고문이 나오자, 이 세 가지 관문을 통과하기 어렵다고 판단했는지 외국어 기준이 완화되었다. 당시 공고문은 다음과 같다.

(외국어) 원서접수 마감일로부터 역산하여 2년 이내에 취득한 영어 어학시험 만점의 5할 이상 득점자, 또는 스페인어 DELE B1 이상 합격자
* 영어는 TEPS, iTEPS, SNULT, TEPS Speaking, TEPS S&W, TOEFL, TOEIC 시험만 인정함
* 2016년도 선발부터 어학 시험 만점의 6할 이상으로 상향 조정 예정

이상하다. 왜 2015년에는 토익(TOEIC)과 토플(TOEFL)이 인정됐을까? 앞서 말했다시피 오랫동안 제한됐던 파견 교사의 선발임을 고려해, 교육부 파견 조건을 충족하는 사람이 없을 가능성에 대비한 조치로 보인다. 일반적으로 우리나라에서 가장 많이 응시하는 영어 시험이 토익(TOEIC)과 토플(TOEFL)이기 때문에, 갑작스러운 2015년 선발 기준에는 두 시험을 포함했지만, 다음 해부터는 이 두 시험을 인정하지 않았다. 이유는 시행처가 외국 기관이어서 우리나라 시험 활성화를 위해 공무원 자격 요건에서 사용을 지양하기 때문이다. 참고로 텝스(TEPS)는 서울대학

교, 스널트(SNULT)는 한국외국어대학교에서 주관한다. 그런데 2026년 교육부 파견 공문에는 토익(TOEIC) 시험 점수가 인정되는 것으로 기재되어 있다. 선생님들로서는 접근성이 높은 토익 시험 점수 인정이 훨씬 나은 조건으로 보인다.

나는 2015년 공고의 적용을 받았기 때문에 그해 여름 치른 토익(TOEIC) 성적이 인정되었다. 남편과 나는 가끔 10년 전 파견 준비를 떠올리며, 정말 운과 운이 만나 이룬 결과였다며 '기적'이라고 표현하곤 한다. 지금 이 글을 쓰는 이유는 당신에게도 이런 일이 일어날 수 있다는 사실을 믿게 하기 위해서다.

내가 파견된 다음 해인 2017년 선발된 선생님은 토익(TOEIC) 점수 인정이 안 된 관계로, 단기간 안에 텝스(TEPS) 점수를 만들어야 한다면 텝스 스피킹(TEPS Speaking)이 수월하다고 하셨다.

가끔 나라마다 2차나 3차 재공고가 올라오는 경우가 있다. 미달이었을 수도 있고, 지원자 중 적격자가 없었을 가능성이 크다. 재공고의 차수가 커진다고 해서 교육부 응시 기준인 경력과 한국사 요건이 변하는 것은 아니지만, 외국어 기준은 하향 조정되거나 아예 없어지는 경우도 있으니 늘 관심을 두고 살펴보자.

예전에 네이버 카페 〈재외국민교육기관〉에서, 파견·초빙 모집 시 1차 응시자가 모두 탈락해 2차·3차 재공고를 내는 상황에 불편함을 토로하는 글을 본 적이 있다. 하지만 앞서 설명했듯, 가장 '스펙 좋은 교사'를 찾는 것이 목적이 아니다. 재외학교는 다음 학년도에 귀국하는 교사가 맡아온 업무나 학교의 특수 상황에 따라, 해당 연도에 반드시 필요한 역량을 가진 교사를 선발해야 한다. 보통 제출 기한을 지켜 서류를 낸 교사라면, 정말 부적격하지 않은 이상 그 안에서 선발하는 것이 일반적이다.

그러나 해외 기관의 경우, 지원자 스펙이 뛰어나더라도 적격자가 없으면 선발하지 않고 재공고를 반복한다. 절차가 번거롭더라도, 해외에서 한 교사가 맡는 책임의 무게가 결코 가볍지 않기 때문이다. 어렵게 결심하고 모든 생활을 정리해 나오는 교사를, '필요 역량과 맞지 않는다'는 이유로 다시 돌려보낼 수 없다.

따라서 서로의 시간을 아끼기 위해, 특정 기관의 1차 모집에서 탈락했다면 같은 해 2차·3차 재공고에 재도전하는 것은 의미가 없다. 이는 지원자의 부족함 때문이 아니라, 해당 기관이 그 해 필요로 하는 역량이 달랐기 때문이다. 하지만 다음 해에는 필요 조건이 완전히 달라질 수 있으니 낙담하지 말자.

앞서 텝스 스피킹(TEPS Speaking)을 추천했던 다음 기수 파견 교사는, 1차 공고가 아니라 재공고에서 합격한 분이었다. 2016년 기수는 지역 서류 전형을 통과한 뒤 파라과이한국학교에 서류를 보내 순위를 매기고, 이후 교육부 직원과 재외국민학교 교장단의 3차 면접을 통해 최종 선발되었다. 하지만 재공고에서는 파견 시기가 촉박해 한국학교와의 협업 과정이 생략되면서, 면접 없이 선발되었다.

1차에서 탈락하신 분이 2차에도 응시하셨지만 결과는 같았다. 즉, 해외파견 선발의 핵심은 '고스펙'이 아니라 '적합성'이며, 파견 시기가 조금 늦어지더라도 적합한 교사를 선발한다는 것을 알아두기 바란다.

| 교재 집필

요즘에는 자신의 책을 출간하는 선생님들이 늘고 있지만, 그때도 지금도 내가 집필한 교재가 있다는 것은 멋진 일이다. 전문적인 영역의 도서라면 더욱 존경스럽다. 나는 출판사를 통해 출판한 경험이 없기 때문에, 기관에서 제본했던 기억을 떠올리기 위해 노력했다.

⑫ 교재 집필				
교재명	저자	발행처	출판사	발행년도
PBL을 적용한 교수학습지도	○○○, ○○○, 장미림	전주교육지원청		2012
영재교육원 교재(국어, 수학, 영어)	영재교육원지도강사	남원교육지원청 전주교육지원청		2008 2009 2014

그때까지 출판사를 통해 출판한 책이 없다고 하여 교재 집필 항목을 빈칸으로 비워두는 것은 현명한 선택이 아니다. 적합성의 판단은 누가 할까? 그렇다. 심사 위원의 몫이다. 우리는 그저 주어진 항목에서 나와 관련된 일을 골똘히 생각해 보고, 연관성이 있다고 판단되는 내용을 해당 칸에 기록하면 된다.

| 3수준 문항들에 대한 나의 정리

기억하는가? 3챕터 〈스펙을 정리하는 법〉에서 3수준 항목은 열린 질문들이라고 말했던 것을. 읽은 지 오래 되었거나 기억이 나지 않는다면 다시 앞으로 돌아가 읽고 와도 좋다. 내가 만난 3수준 항목은 5개인데, ②지원동기, ⑥자신의 강점과 약점, ⑦학급경영관, ⑧교과 학습 지도 방안, ⑨파라과이한국학교에 대한 발전 제안 등이다. 이때 중요한 것은 이 항목들의 번호가 몇이든 상관없이, 1·2수준의 '답이 있는 문항'들을 해결한 후 그 이력들과 결을 맞추어 정리하라고 당부했다는 점이다.

4챕터 〈합격자 스펙 기반 꿀팁 전수〉를 읽고 있는 여러분은 나의 1·2수준 답변을 모두 확인했다. 핵심 개념이 무엇인가? 이 합격자의 교직 인생을 관통하는 주제가 무엇으로 보였는가? 나는 영어 능력 개발과 음악 지도를 키워드로 잡았다. 외국에서는 교육복지나 혁신, 방과후처럼 내가 주로 맡았던 업무가 있을 것 같지 않았다. 하지만 부장 교사 경력은 '중간 리더 역할을 경험한 적이 있는지'를 보여주는 척도이므로, 업무 종류와 상관없이 한 번이라도 경험하는 것이 좋다. 실제로 나가 보니 재외국민학교에서는 부장교사 여부와 관계없이 한 명 한 명이 부장급 이상의 업무를 소화하며 협력해야 했다. 부장교사는 팀원들의 의견을 듣고 타 부서 및 관리자와 조율하며 학교라는 한 배를 함께 움직여 가는 핵심적인 역할을 맡는다. 이 일은 힘들고 어렵지만, 앞으로 중요한 일을 맡게 될 때 반드시 필요한 경험이므로 기회가 있을 때 꼭 해보길 추천한다.

그렇다면 나의 3수준 열린 문항에 대한 답변을 공개하겠다.

| 지원동기

> **② 지원동기**
>
> 재외 한국학교나 국제학교에 근무하며 새로운 교육환경을 경험하고 외국에 있는 한국 학생들에게 교육 활동을 하고자 영어와 예술 분야에 관심을 갖고 학생지도와 자기 계발을 꾸준히 하였습니다. 남미에 위치한 학교 중 파라과이 수도에 위치한 본교가 안전도, 사용언어, 교사 처우 면에서 가장 매력적이었고, 선발 시 우대조건이 저의 강점과 가장 부합하다고 생각하여 지원하였습니다.

내가 선택한 두 개의 키워드가 확인되는가? 단 네 줄이지만, 해외에 나가기 위해 영어와 음악을 키워드로 잡고 지금껏 나 자신의 역량 계발과 학생 지도를 해왔다는 내용을 분명히 밝혔다. 이후 앞뒤에 배치된 나의 이력들이 이를 증명한다면, 나는 일관성을 유지하는 응집력 있는 사람처럼 보인다. 따라서 이력을 모두 적은 후에 키워드를 잡아야 한다. 순서를 반드시 유의하라.

10년 전에 내가 적은 지원동기를 읽으며 '아, 그때 당시엔 챗GPT가 없었구나' 라는 생각을 했다. 단어 하나를 무엇으로 고를지 고민하던 기억이 선명하게 떠올랐기 때문이다. 파견에서 복귀한 이후에도 여러 시험과 면접을 봤지만, 최근 가까운 시험일수록 생성형 AI의 도움으로 작성한 글에 많이 의존했다. 이런 경우, 시험을 마친 뒤 문서를 정리할 때쯤이면 그 글이 내 글인지조차 헷갈릴 때가 있다.

아마 이 글을 읽는 분들도 현재 생성형 AI의 도움을 받아 슬기롭게 업무를 경감하고 일의 효율을 높이고 있을 것이다. 나 또한 그렇다. 하지만 자기소개서는 이후 면접과 연결되며, 극도의 긴장 상태에서는 '내가 고민하여 직접 출력한 내용'이 아니면 생각이 잘 나지 않는다.

시간이 다소 걸리더라도, 이것 또한 내 삶을 한 번 매듭짓는 중요한 작업이라는 마음으로 초안만큼은 반드시 직접 작성하길 바란다.

| 본인의 강점과 약점

⑥ 본인의 강점과 양점	
강 점	책임감이 강하고, 도전의식이 높음. 장기목표를 가지고 단계적으로 수행해나가는 일을 좋아함. 독서와 음악, 공연 관람을 즐김. 학생, 학부모와 함께 하는 학급문화 만들기에 적극적임. 본인을 믿고 지지해주는 남편과 아들과 집을 사랑함. 현재의 경험과 행복할 기회를 미래로 미루지 않음.
약 점	출산과 육아 후 취미생활과 운동시간을 별도로 확보하지 못하고 있음. 근무시간 외에 학교 행사와 육아가 겹치면 육아를 선택하는 편임. 업무의 양보다는 사람과의 관계가 편치 않을 경우 스트레스를 받음. 좋고 싫음이 분명함.

다시 읽어보니 약점을 상당히 솔직하게 적었다는 생각이 든다. 그때만 해도 근무 후 회식이 업무의 연장선과 같아서, 학교 회식이나 친목회 여행 등에 참여하지 못할 때는 용기가 필요했다. 그런 부분을 에둘러 '근무시간 외 학교 행사가 육아와 겹칠 경우 육아를 선택하는 편임'이라고 표현했던 것 같다. 지금 보니 손보고 싶은 부분이긴 하지만, 있는 그대로를 보여드려야 생각해볼 점이 있을 것 같아 수정 없이 공개한다.

여기 이 부분에서 강점으로 나는 음악과 공연 관람을 강조하며 핵심 키워드를 한 번 더 부각시켰고, 학부모와 잘 소통한다는 점도 함께 표현했다. 실제 외국에서는 학급 생활지도 문제로 전화 상담을 할 일은 많지 않았지만, 학교 행사를 함께 기획하고 도움을 구해야 하는 경우가 많았기 때문에 학부모와 좋은 관계를 유지하고 원활히 의사소통하는 능력은 매우 필요한 역량이니 강조해도 좋다.

| 학급경영관

학급 담임을 맡으면 학급 경영 노트를 만들고 '〈빛깔 있는 나, 함께 하는 우리 ○기〉'라고 적어 1년을 운영했다. 개인의 고유성과 다양성을 인정하되, 어울리는 방법은 배워야 하는 영역이라고 생각했기 때문이다. 이러한 철학은 지금까지도 일관되게 유지되고 있다. 다문화, 탈북, 복지우선지원사업 등 다양한 업무를 맡으면서 다양한 가정 배경을 가진 학생들이 나에게 온다는 생각에 이르렀고, 이러한 철학을 자연스럽게 갖게 되었다.

학부모와의 소통 또한 중요하게 여겨 대면과 비대면 소통을 자주 했는데, 이러한 부분이 강점과 학급경영관 항목 모두에서 강조된 점을 확인할 수 있다.

| 교과학습 지도 방안

수업에 대한 패러다임의 이름은 다양했지만, 결국 교육과정이 아닌 학생을 중심에 두기 위한 여정이었다고 생각한다. 10년 전에 쓴 글이지만, 요즘 2022 개정 교육과정이나 최근 화두가 되고 있는 IB 프로그램, 개념기반 탐구학습 등이 추구하는 수업의 본질과 내용이 크게 다르지 않음을 느꼈다. 특정 과목을 염두에 두고 작성한 글은 아니지만, 초등의 경우 국어·수학·과학 등 자신이 흥미 있게 연구해 온 교과를 중심으로 설명해도 무방하다. 특히 중등은 과목이 분화되어 있기 때문에 더욱 깊이 있는 설명이 가능할 것이다.

파라과이한국학교에 대한 발전 제안

⑨ 파라과이한국학교에 대한 발전 제안(교육과정, 학사운영, 학생지도 중 택일)

(학생지도) 학생지도에 있어서 파라과이한국학교에서는 수업 전 특기적성교육과 독서활동을 통하여 한국의 문화를 익히고 학생의 창의성을 신장시키고 있는 것으로 알고 있습니다. 따라서 제가 올해 수행한 프로젝트 중에 가장 길고 학생과 학부모의 반응이 뜨거웠던 '책 읽기 프로젝트'를 도입하고 싶습니다. 방법은 3월 2주차부터 7월 4주까지의 20주 동안 1주일에 책을 한 권 읽고 학급누리집에 서평을 올리는 것입니다. 파라과이한국학교에서는 정규 과정에 컴퓨터 교육을 강화한 것으로 알고 있는데, 학급 재량 활동 시간을 활용해도 좋을 것 같습니다. 고학년의 경우는 학습만화를 제외하고 그림이 많은 책을 제외하였지만, 외국에 사는 학생들에게 적용할 때는 수준이 조정되겠죠. 이렇게 스무 권의 책을 읽는 데 그치는 것이 아니라, 서로의 글을 읽고 댓글을 남긴 후 작성자가 가장 힘이 된 댓글을 써 준 친구에게 감사스티커를 수즌 활동을 겸비하니 바람직한 인터넷 문화 형성에도 효과가 있었습니다. 한 주도 빠짐없이 완주한 학생들에게는 담임이 한 권의 책을 선물하고 그 간의 활동 중에 인상 깊은 일에 대해서 이야기를 나누고 마무리를 하면, 다음 학기에도 스스로 책을 읽어나갈 힘을 기를 수 있을 것입니다. 학부모님들도 내 자녀의 서평만 읽다가 다른 친구들의 다양한 책과 글쓰기 실력을 볼 수 있어, 놀랍고 대견했다는 피드백을 주신 효자 프로젝트입니다. 지원을 준비하며 파라과이한국학교 학부모의 블로그 글이나 학교행사 후기 글을 접하여 인터넷 환경이나 스마트폰 사용 현황이 한국 못지않음을 알 수 있었습니다. 그렇다면 더더욱 도전해볼 만한 학교 사업이 될 수 있지 않을까 생각합니다.

무엇이 보이는가? 내가 잘해왔고 성공적으로 수행했던 학생지도 방법을 자랑하면서, 동시에 지원 학교의 정보를 찾아보고 현지 현황을 파악하고자 했던 노력도 함께 어필하려는 점이 드러난다. 무에서 유를 창조할 수는 없는 것이고, 내가 잘하고 있는 내용을 드러낼 곳이 필요하다면 바로 여기가 그곳이다. 자세하게 설명할 수 있는 자유응답 칸이 많지는 않기 때문에, 어필하고 싶은 부분이 있다면 해당 항목에 답변하는 것처럼 하면서 내 장점을 충분히 드러내자. 다만 그것만 강조하면 맥락을 이해하지 못한 사람처럼 느껴질 수 있다. 독서 지도에 대해 설명하면서도 재외 교포 학생들의 독서 수준에 맞게 조정이 필요하다는 점, 에듀테크 환경을 파악하기 위해 지원 학교의 사정을 조사했다는 점 등을 함께 녹여내면, 해당 기관에 필요한 일을 적극적으로 고민했다는 인상을 줄 수 있다.

다시 한번 강조하지만, 서류 심사를 통과해야 면접의 기회가 온다. 챕터 3과 4를 정독하며 합격자가 어떻게 생각하고 서류를 구성했는지 파악했을 것이다. 준비는 끝났다. 이제 여러분의 시간이 왔다. 1수준과 2수준 문제를 구분하고 하나씩 채워보자. 서두르지 말자. 단번에 끝낸다는 계획보단 1주일 정도 시간을 들여 천천히 숙고하며 적어보자. 그리고 내 이력들을 관통하는 핵심 키워드를 두세 개 찾고, 자유 응답에서 해당 키워드가 빛날 수 있도록 작성하자. 스펙과 자유 응답, 그리고 면접의 내용이 일치하면 그 사람의 신뢰도가 높아진다. 이제 면접을 보러 가보자.

합격자 자기소개서 & 경력기술서 모음

말레이시아 ✒ 서승현 선생님

저는 2005년 학부시절부터 재외국민교육에 대한 관심이 있어 교대 동기 2명과 함께 재외국민교육과정 운영의 실제를 주제로 한 교육 프로젝트를 구안하였고, 북경국제학교와 상해국제학교의 견학 기회도 가질 수 있었습니다. 특히 북경국제학교의 수업 참관 및 현장체험학습의 기회를 통해 재외국민학교의 교육과정이 실제로 어떻게 운영되는지를 엿볼 수 있어 참 좋았습니다. 이를 통해, 재외국민교육과정에는 본국 교육과정과는 달리 현지 생활 적응, 학생들의 진학 및 세계 속의 대한민국 국민으로서의 정체성에 대한 고민 등이 제각기 다양한 모습으로 담겨 있다는 것을 알게 되었습니다. 다양한 직업군의 부모님, 그리고 이들을 따라 온 자녀들이 다니는 학교로서 공통적으로 학부모님들과 학생의 교육 열의가 높았으며, 외국어 습득과 진로 진학에 관심과 고민이 많다는 것을 알 수 있었습니다. 상해국제학교에서는 우연히 고등학교 담임 선생님을 뵈어 수업 참관뿐만 아니라 재외국민으로서의 삶과 교사이자 학부모로서의 이야기를 상세히 들을 수 있었습니다. 아울러 해외 근무 경험은 학생들을 가르치는 데 도움이 될 것이라고 그 분의 격려가, 그리고 멀리 떠나 해외에서도 아이들을 열정적으로 가르치시던 선생님들의 해외파견 권유가 제

마음을 크게 흔들었습니다. 세계 속의 우리 아이들을 열정과 사랑으로 품는 교사의 삶을 꿈꾸게 되었고, 여전히 꿈을 위한 노력을 경주하고 있습니다.

아울러 1급 정교사 자격연수의 경험은 해외파견 교사를 꿈꾸는 제 교직에 있어 중요한 전환점이 되었습니다. 팀원들과 교육사례 및 경험 나눔을 주제로 영상을 기획·촬영·편집하는 작업 기회를 통해 여러 밤을 함께 새며 같은 꿈을 가진 동료 교사들과 공동과제를 수행하는 것이 즐거웠습니다. 그리고 1급 정교사 자격연수에서 만난 몇몇 선생'님들과 '새로운 경험과 배움이리면 무엇이든 도전헤보지'는 마인드로 시교육청에서 주최한 창의인성수업연구회에서 2014 인천아시안게임을 주제로 '인천사랑프로젝트'를 진행하면서 해외파견 교사의 삶을 더욱 꿈꾸었고, 교사로서 역량을 키우기 위해 열심히 노력하였습니다.

재외국민 파견교사가 되기 위한 7년의 근무 경력을 쌓는 동안, 학교교육과정 운영 및 학생 생활지도에 필요한 역량을 키우며 창의적으로 업무를 수행했습니다. 덕분에 다년간의 연구학교 경험, 학생 오케스트라 지도, 우리나라 최북단 섬 백령도 학교에서의 근무, '문화예술프로젝트를 통한 인성핵심역량 키우기'를 주제로 한 전국현장연구대회 입상 등 개인적으로 적지 않은 성과를 이룰 수 있었습니다. 특히 백령도 섬마을 학교에서의 문화예술프로젝트 연구를 통해 학생들의 문화·예술적 역량을 향상시켰고, 아울러 해외 문화예술교육 분야에 대한 전문성을 키울 수 있었습니다.

세계 속의 우리 아이들이 밝고 순수한 마음으로, 사랑과 포용의 정신으로 세계를 품을 수 있도록 대한민국 학생들을 열린 생각, 따뜻한 마음, 뛰어난 전문성으로 잘 가르치고 교육하겠습니다. 아울러 말레이시아 한국국제학교 교육을 통해 학생들이 열정, 존중, 국제 감각, 꿈, 뛰어남의 가치를 자연스럽게 배우고 익혀 세계 속의 대한민국 국민으로 씩씩하게 성장할 수 있도록 열과 성을 다해 교육하겠습니다.

🎯 Tip

앞서 선생님들의 전략과 마찬가지로 지원동기에도 지원할 학교와 관련된 나의 경험을 최대한 드러나게 적어야 한다. 예를 들어 학교의 교육 철학이나 중점 사업을 파악한 뒤 "귀 학교의 교육 이념인 ○○을 실현하는 데 기여하고 싶어 지원했다"는 식으로 지원동기를 설득력 있게 써야 한다. 지원서 한 장 한 장에 해당 학교를 위한 나의 계획과 의지를 담아내는 것이 중요하다. 막연히 "최선을 다하겠다"가 아니라, 그 학교에 맞춘 구체적 행동계획을 적어야 서류에서 두각을 나타낼 수 있다.

베트남 하노이(초빙) ⟶ 송인화 선생님

| 지원동기

<포용적인 하노이한국국제학교에서 새로운 도전을 통해 학교와 더불어 성장하고 싶습니다.>

저는 새로운 세상에 대해 열린 마음을 가지고 도전을 즐기는 사람입니다. 창의적이고 특색 있는 활동을 통해 00고등학교와 더불어 성장하였으며 교사로서의 역량을 갖추었습니다. 하노이한국국제학교에서 '큰 뜻을 세우고', 이를 위한 '실력을 기르며', '사랑을 나누는' 멋진 한국인 육성을 위해 이러한 저의 역량을 발휘하고 싶습니다. 새로운 것에 도전하다 보면 때로는 시행착오를 겪기도 하겠지만 포용적인 하노이한국국제학교에서 학생들, 동료 교사들, 교민들과 같이 고민하고 해결해 나간다면 학생들, 동료 교사들, 교민들과 함께 성장할 수 있을 것입니다.

| 본인의 향후 계획

< 저는 하노이한국국제학교에서 희(希), 소(笑), 애(愛), 락(樂)을 실천하겠습니다.>

◎ 희(希)(희망) : 학생들이 꿈의 날개를 펼치다.

- 학기 초에 '나의 꿈 발표대회'를 열어서 학생들이 자신의 꿈을 스스로 설계해 볼 수 있는 기회를 제공하고, 다른 친구들 앞에서 자신의 꿈을 발표함으로써 서로의 꿈을 응원하는 분위기를 조성하겠습니다.
- 그동안 직업상담사, 진로코칭지도사, 심리상담사 자격증을 취득하면서 쌓은 지식과 경험을 바탕으로 학생들이 꿈을 키우고 실현할 수 있도록 지원하겠습니다.

- 00고등학교에서 체대입시반을 운영하면서 쌓았던 경험(생활기록부 및 성적 관리, 실기능력 향상 방법, 자기소개서 쓰기, 면접 준비 등)을 살려서 체육 관련 학과에 진학하고자 하는 학생들을 지도하겠습니다.

◎ 소(笑)(웃음) : 학생들의 건강한 웃음소리가 들리다.

- 학생, 교사, 학부모, 재외국민이 다 함께 할 수 있는 '한마음 체육대회'를 주최하여 지역의 축제로 자리매김할 수 있도록 하겠습니다.
- 학생들이 수업 시간에 갈고닦은 기량을 뽐낼 수 있도록 스포츠클럽대회를 개최하겠습니다.
- 체육수업 시간에 협동제기차기, 킥런볼 등을 포함하여 넷볼, 얼티미트와 같은 뉴스포츠활동 등 다양한 체육수업을 하겠습니다.

◎ 애(愛)(사랑) : 학생들을 사랑으로 보살피다.

- 매일 아침마다 등교지도를 하며 학생들이 기분 좋게 하루를 시작할 수 있도록 반갑게 인사하겠습니다.
- 현장체험학습, 봉사활동, 문화체험활동을 통해 학생들에게 다양한 경험의 기회를 제공하겠습니다.
- 학생들이 희망하는 동아리와 방과후수업을 개설하여 운영하고, 자기주도적학습 능력을 향상시킬 수 있도록 지도하겠습니다.

◎ 락(樂)(즐거움): 학생·학부모·교사가 즐거운 학교를 만들다.

- 학생자치문화조성을 통해 학생들이 다니고 싶은 학교, 지역사회와 학부모가 교육공동체로서 함께 참여할 수 있는 학교, 자신의 꿈을 찾고 성장하는 학생들을 보

며 교사로서의 자긍심을 가질 수 있는 학교를 만들어 교육가족 모두가 즐거운 학교를 만드는 데 저의 열정과 노력을 다하겠습니다.

면접의 기술

서류 전형을 통과했다면, 이어지는 면접에서도 철저한 사전 준비가 필요하다. 면접에서는 해당 국가와 학교에 대한 이해도, 교사로서의 전문성과 자질, 현지 적응 의지 등을 다각도로 평가하므로 준비 과정은 체계적으로 진행해야 한다. 교육부 면접 및 해외한국학교 면접의 전반적 흐름을 고려하면, 다음과 같은 방식으로 준비하는 것이 바람직하다.

⊕ 면접 전 1개월 준비 전략

면접 일정이 정해지면 일반적으로 약 1개월의 준비 기간이 주어진다. 이 기간 동안 가장 먼저 해야 할 일은 면접 예상 질문을 정리하는 일이다.

일반 질문은 재외한국학교 관련 커뮤니티와 기존 사례를 참고하여 목록화해야 한다. 개인 질문은 자기소개서와 경력기술서에 기반하여, 면접관 입장에서 어떤 점을 확인하고 싶을지를 기준으로 구성해야 한다.

해외 한국학교는 개인적인 질문(건강, 자녀 교육, 가족 동반 여부 등)을 자주 하므로 이에 대비해야 한다. 이는 기간제 교사 수급이 어렵고, 의료·보육 시설이 충분하지 않으며, 교사의 잦은 연가가 학교 운영 전체에 직접적 영향을 미치는 환경 때문임을 이해해야 한다.

따라서 개인 질문이 나오더라도 불편해하기보다 현지 적응 가능성을 평가하기 위한 필수 절차임을 인식하고 성실하고 침착하게 답변하는 태도가 요구된다.

🌐 해외한국학교 면접에서 주로 등장하는 핵심 질문

면접 준비는 아래 항목들을 모두 답변할 수 있도록 구성해야 한다.

| 지원동기 관련

왜 해당 국가·도시·학교를 선택했는가?

재외한국학교에 지원한 이유는 무엇인가?

→ 지원 학교의 교육철학·교육목표를 파악하고, "본교의 교육철학에 공감하며 실천하고자 한다"는 구조로 정리해야 한다.

| 교수·학습 철학

본인만의 교수법, 수업 철학은 무엇인가?

기억에 남는 수업 사례는 무엇인가?

→ 교과 전문성과 수업 성과를 구체적 사례 중심으로 설명하는 것이 좋다.

┃ 생활지도·협업 관련

학생 생활지도에서 가장 어려웠던 점은 무엇이며 어떻게 해결했는가?

관리자·교사·학부모와 갈등이 생기면 어떻게 해결할 것인가?

→ 소통 능력과 문제 해결 능력을 중심으로 사례를 준비해야 한다.

┃ 특별활동·역량 연결 질문

방과후학교에서 어떤 수업을 개설할 수 있는가?

지원 학교에서 요구하는 특색 교육(독서, 전통문화, 디지털·코딩 등)을 어떻게 운영할 것인가?

→ 지원 기관의 특성과 자신의 강점을 연계해 서술해야 한다.

┃ 개인·가정 관련

가족 동반 여부, 자녀 계획

현지 물가나 생활비 수준을 감당할 수 있는가?

→ 사실대로 답하되, 현지 적응 의지를 중심으로 설명해야 한다.

⊕ 답변 준비 기준

① 지원동기

단순한 욕구나 희망을 말하는 것이 아니라 교육철학, 기관 특성, 본인의 전문성과의 연결을 중심으로 "지원 정당성"을 설계해야 한다.

② 교수·학습 전문성

수업 성공 사례를 "상황 – 실행 – 결과" 구조로 설명하는 연습이 필요하다. 또한 지원 학교에서 요구할 가능성이 높은 특별활동·문화 활동·독서교육 등을 연결해 설명해야 한다.

③ 현지 적응 및 협업 능력

국제 감각은 해외연수·여행 경험뿐 아니라, 다문화 이해 태도, 동료와의 협업 경험, 학부모·지역사회 소통 사례 등으로도 드러날 수 있으므로 관련 사례를 구조화해야 한다.

⊕ 면접 준비 루틴

① 질문 목록 정리

일반 질문과 개인 질문을 분리해 목록화한다.

② 교육활동 회고

그동안 지도했던 학생, 소통했던 학부모·동료·관리자 등 교육 활동 전반을 돌아보며 질문과 연결될 수 있는 에피소드를 확보해야 한다.

③ 지원 기관 분석

지원 학교 홈페이지에서 교육과정, 특색활동, 교육목표, 행사 사진 등을 확인하며 "그 학교에서의 나의 역할"을 구체적으로 구상해야 한다.

④ 복장·태도 준비

면접에서는 첫인상이 중요하므로 단정한 복장과 깔끔한 준비가 기본이다.

⑤ 모의면접

가족·동료에게 면접관 역할을 부탁하거나 휴대폰 영상 촬영을 통해 표정, 음성, 비언어적 메시지를 점검하는 것이 필요하다.

⊕ 면접 당일 유의점

| 도착

면접은 건물 입구에 들어가는 순간부터 시작된다고 생각하고, 10~15분 전에 도착하는 것이 바람직하다.

| 대기 및 진행 방식

학교마다 방식이 다를 수 있으므로 대기실 운영 여부, 즉시 면접실 입실 방식 등 사전 조사를 해야 한다.

| 면접 태도

질문을 명확하고 간결하게 답변한 뒤, 필요하면 짧은 경험 사례를 덧붙인다. 비언어적 표현(표정·시선·손짓)을 안정적으로 관리한다. 특정 면접관만 보지 않고 고르게 시선을 배분한다.

⊕ 합격을 결정짓는 3대 요소

면접에서 긍정적인 평가를 얻기 위해서는 세 가지가 반드시 충족돼야 한다.

① 진정성

꾸며낸 문장이 아니라 실제 경험에 기반하여 자연스럽게 말해야 한다. 비언어적 표현은 억지로 꾸며낼 수 없으므로 진솔함이 가장 중요한 판단 기준이 된다.

② 말하는 구조

핵심 메시지 → 근거 사례 → 요약의 구조로 말해야 면접관이 이해하기 쉽다. 중간중간 호흡을 조절해 집중을 유도하는 것이 효과적이다.

③ 단일 키워드 일관성

자신의 교직 인생을 관통하는 핵심 키워드를 하나 정해 지원동기, 수업 철학 생활지도 방식, 미래 계획을 모두 그 키워드에 연결해야 한다. 면접관은 일관성을 매우 높게 평가한다.

⊕ 핵심 요약

면접은 단순한 말하기 평가가 아니라 사전 준비, 전문성 정리, 일관성 있는 자기 서사, 현지 적응 의지를 종합적으로 평가하는 절차이다. 철저한 준비를 통해 1수준·2수준 스펙 정리와 면접 메시지가 유기적으로 연결될 때, 해외파견·초빙 면접에서 높은 신뢰성을 얻게 된다.

김유주 선생님이 알려주는 면접 대비 핵심전략! 교육뉴스 정리하기

교육 뉴스를 토대로 생각을 정리하는 과정은 기사를 읽는 데 그치지 않고, 그 안에 담긴 주장과 근거를 파악한 뒤 그에 대한 자신의 견해를 덧붙이는 것이 바람직하다. 단순한 사실 습득을 넘어, 현안을 비판적으로 이해하고 교사로서 어떤 대응과 지원을 할 수 있을지를 구체적으로 정리하는 데 도움을 준다.

특히 신문 사설은 좋은 연습 자료가 된다. 사설을 읽을 때 다음의 사항을 차례로 정리하는 습관을 들이면 면접 답변 구조를 체계적으로 잡는 데 유리하다.

① 사설의 주장,

② 그 주장을 뒷받침하는 근거,

③ 그에 대한 자신의 생각,

④ 교사로서 실천 방안

이러한 정리 과정은 '왜 이런 주장이 나왔는가', '현장에서는 어떤 어려움이 있을까', '파견 교사로서 어떤 역할을 수행할 수 있을까'와 같은 질문을 자연스럽게 연결해 준다. 즉, 교육 뉴스를 활용한 사고 훈련은 단순한 지식 암기를 넘어서 비판적 사고력, 현안 분석 능력, 실천 의지를 함께 보여줄 수 있는 효과적인 준비 방법이다.

ⓔ 신문 사설 정리하기

기초학력 커진 격차, 다문화아동 학업·적응 도와야

국가수준 학업성취도평가에서 대도시와 읍면 지역 간 학력 격차가 두드러지게 나타났다.(근거) 읍면 인구가 급격히 줄어드는 와중에 다문화 학생들이 증가한 영향으로 보인다.(근거) 2040년대에 한국은 인구 10% 이상이 다문화 배경을 가진 다문화 국가로 변모한다. **단 한 명의 다문화 아동과 청소년도 낙오하지 않고 미래 인재로 성장할 수 있도록 공교육 시스템을 더 정교하게 설계해야 한다. (주장)**

교육부가 22일 공개한 '2024년 국가수준 학업성취도평가 결과'를 보면 대도시 학생은 모든 과목에서 읍면 지역보다 학업 능력이 뛰어났다.(근거) 대도시 중3은 71.9%가 국어 과목에서 '보통 학력' 이상인 반면 읍면 지역은 58.2%였다. '기초학력 미달' 학생 비율은 읍면 지역이 높았다. 중3 국어 과목 미달 비율은 읍면 13.8%, 대도시 8.2%였다. 수학은 지난 2년 새 격차가 더 벌어졌다. 미달 비율이 읍면 중3은 2022년 17.3%에서 2024년 17.9%로 늘었으나, 대도시 중3은 이 기간에 11.4%에서 9.7%로 줄었다. (중략)

다문화 교육의 중요성은 개인의 발달·성장에 그치지 않고, 사회의 통합과 공존을 위해서도 긴요하다.(주장) 다양한 배경의 학생들이 서로 돕고 경쟁하며 미래 인재로 성장할 수 있도록 공교육이 지원해야 한다.(주장) 특히 출발선상에서 차별이 없도록 돌봄교실과 초등학교 교육부터 강화하고, 진로·진학 상담을 충실하게 제공해야 한다.(주장) 부모세대엔 지역사회와 연계해 한국어 교육 등 프로그램을 마련해야 한다. 다문화 교육은 선택이 아닌 필수이고,
한국의 미래를 위한 중대과제가 됐다. (주장)

출처: 2025.07.22., 경향신문
https://www.khan.co.kr/article/202507221811001

→ **사설의 주장**

- 다문화 아동·청소년이 낙오하지 않도록 공교육 시스템을 정교하게 설계해야 한다.
- 다문화 교육은 개인 성장뿐 아니라 사회 통합과 공존을 위해 필수적이다.
- 다양한 배경의 학생들이 함께 성장할 수 있도록 공교육이 적극 지원해야 한다.
- 출발선의 차이를 줄이기 위해 돌봄교실 및 초등교육을 강화하고, 진로·진학 상담을 충실히 제공해야 한다.
- 부모세대에는 지역사회와 연계한 한국어 교육 프로그램 등을 마련해야 한다.
- 다문화 교육은 선택이 아닌 필수이고, 한국 사회의 미래를 위한 중대 과제이다.

→ **사설의 근거**

- 국가수준 학업성취도평가에서 대도시와 읍면 간 학력 격차가 뚜렷하게 나타난다
- 읍면 지역의 학력 저하는 인구 감소와 다문화 학생 비율 증가의 영향으로 분석된다.
- 대도시 학생이 모든 과목에서 읍면 지역 학생보다 학업 성취도가 높다
- 도농 간 학력 격차는 농어촌 인구 감소와 다문화 학생 증가가 복합적으로 작용한 결과
- 학령기에 입국한 다문화 학생은 언어 장벽으로 수업 이해에 어려움을 겪는다.
- 부모의 낮은 한국어 능력으로 인해 가정에서의 학습 지원이 거의 불가능하다.

→ **내 생각 정리**

- 도농 간 학력 격차 확대: 대도시와 읍면 지역 간 기초학력 미달 비율이 꾸준히 벌어지고 있으며, 이는 교육 기회의 불평등과 직결된다.
- 다문화 학생의 학업 · 적응 어려움: 언어 장벽, 가정 내 학습 지원 부족, 부모의 한국어 미숙, 사회적 편견 등으로 학업 중단률이 높고 진학률은 낮은 실정이다.
- ※ 결국 이 문제는 개인이 학습권 보장을 넘어, 한국 사회가 다문화 사회로 전환하는 과정에서 사회적 통합과 미래 인재 양성을 어떻게 이끌어갈 것인지와 직결된다. 따라서 공교육의 정교화와 개인별 맞춤형 지원이 절실하다.

→ **교사로서 지원방안 구안**

(1) 학생개별 지원

- 맞춤형 학습지도: 맞춤형 학습지도: 기초학력 부진 학생을 위해 국어 · 수학 기초 튜터링, 수준별 학습지도를 강화한다. PASS 시스템(학생맞춤형 통합지원)이나 학습종합클리닉센터와 연계해 학습 진단 후 지원한다.
- 언어 지원 강화: 다문화 학생에게는 한국어 교육 보조자료, 이중언어 활용 수업 등을 도입해 학습 참여도를 높인다.
- 정서적 지원: 또래 멘토링, 다문화 이해 활동을 통해 자존감과 소속감을 키우도록 돕는다.

(2) 학급 운영 차원

- 다문화 친화적 학급문화 조성: 학생들이 다양한 배경을 존중하고 협력할 수 있도록 프로젝트형 협동학습, 문화 공유 활동을 운영한다.

- 다양성 교육: 특정 기념일(세계 문화 다양성의 날 등)에 맞춰 세계 문화 체험, 다문화 음식 · 음악 · 이야기 나눔 활동을 통해 차별 없는 분위기를 만든다.
- 체계적 상담: 담임교사 상담뿐 아니라 전문상담교사 · Wee센터와 협력하여 학업 · 진로· 정서 지원을 균형 있게 제공한다.

(3) 학교 · 지역사회 연계

- 지역 기관 연계: 다문화가족지원센터, 지역아동센터, 지역다문교육센터 등과 협력해 한국어 교육 · 방과후 프로그램 · 진로체험 기회를 제공한다.
- 부모 지원: 학부모 대상 한국어 교육, 자녀 학습법 안내, 학부모 간 네트워크 형성을 통해 가정에서의 지원력을 강화한다.
- 공공 자원 활용: 지자체 예산, 교육청 다문화교육 지원 예산 등을 적극적으로 활용하여 체계적 지원 사업을 기획한다.

부록

합격자 추천! 면접 예상질문
+ 현장 실사 대비하기

※ 저자들의 질문 세트를 가지고 하루하루 다르게 연습해 보세요. 다양한 질문
  스타일에 적응력을 높여 보세요.

프랑스 ✎ 김병수 선생님

지원서와 면접은 긴밀하게 이어지는 과정으로 이해해야 한다. 따라서 지원서에 제
시된 면접 평가 항목을 기준으로 면접 예상 질문을 직접 구성하고 대비하는 것이
바람직하다. 면접 대비는 막연한 추측이 아니라, 평가 항목을 기준으로 구조화하어
준비할 때 가장 효과적이다.

면접 예상 질문 또한 각 평가 항목별로 분류해 뽑아 준비하는 방식이 유용하다.
이는 면접자가 어떤 역량을 확인하고자 하는지 정확히 파악한 뒤 그에 맞는 답변
을 준비할 수 있도록 해 준다.

아래의 질문들은 특정 국가에 한정되지 않으며, 교육부 재외국민 해외파견 시험
을 준비하는 교사들이 공통적으로 대비할 수 있도록 정리한 예상 문제들이다.

각 항목별 질문을 충분히 연습하고, 자신의 경험과 가치관-그리고 지원 학교의
특성과 연결된 답변-까지 준비할 때 면접의 완성도가 높아질 것이다.

① 공직적격성

    Q. 지원동기와 왜 이 학교를 선택했는지 말해보세요.

    Q. 교사이자 공무원으로서 가장 중요한 덕목은 무엇이라고 생각합니까?

    Q. 공직자로서 봉사 정신을 실천했던 사례를 말씀해 주세요.

    Q. 개인의 의견과 관리자의 방침이 충돌할 때 어떻게 하시겠습니까?

    Q. 적극적 업무 추진을 실천했던 경험을 구체적으로 설명해 보세요.

② 전문성

    Q. 우리 학교에 대해서 아는 바를 말해보세요.

    Q. 교육과정 재구성을 해본 경험이 있다면 말씀해 주세요.

    Q. 본인 교과 외 지도할 수 있는 교과나 방과후 프로그램을 말해보세요.

    Q. 재외동포 학생들이 직면하는 어려움에는 어떤 것이 있을까요?

    Q. 재외동포 교육정책의 핵심은 무엇이라고 생각합니까?

    Q. 다문화 학생 지도를 해본 경험이 있습니까?

    Q. 교육연구나 논문 발표 경험이 있다면 말씀해 주세요.

    Q. 국제교육협력 경험이 있습니까? 있다면 구체적으로 설명해 주세요.

    Q. 수준이 다른 학생들을 어떻게 지도하시겠습니까?

    Q. 학교폭력이 발생했을 때 자신만의 대처방안을 말해보세요.

    Q. 수업과 생활지도를 균형 있게 운영하는 방법은 무엇입니까?

    Q. 한국문화 보급을 위해 어떤 체험활동을 기획하시겠습니까?

    Q. 해외파견 교사의 전문성은 국내 교사와 어떻게 달라야 한다고 생각합니까?

    Q. 새로운 교육 환경에 빠르게 적응했던 경험을 말씀해 주세요.

    Q. 현지 교사와 협력 수업을 한다면 어떤 방식으로 진행하시겠습니까?

③ 인성

　Q. 본인의 성격 장점과 단점을 말씀해 주세요.

　Q. 교사로서 가장 중요하게 생각하는 가치관은 무엇입니까?

　Q. 어려운 동료나 학생과 관계를 개선했던 경험을 말씀해 주세요.

　Q. 배려심을 발휘했던 구체적 사례가 있습니까?

　Q. 동료 교사와의 갈등을 해결했던 경험은 무엇입니까?

　Q. 학생에게 신뢰받는 교사가 되기 위해 어떤 노력을 합니까?

　Q. 봉사 정신을 발휘했던 경험을 소개해 주세요.

　Q. 스트레스 상황에서 감정을 어떻게 조절하십니까?

　Q. 실패 경험이 있다면 그것을 어떻게 극복했습니까?

　Q. 해외 생활에서 가장 힘든 점은 무엇일 거라 예상하십니까?

　Q. 본인의 인성적 강점이 파견에서 어떻게 발휘될 수 있을까요?

　Q. 힘든 상황에서도 긍정적인 태도를 유지하는 방법은 무엇입니까?

　Q. 주변 동료들이 본인을 어떻게 평가한다고 생각하십니까?

　Q. 좁은 교민 사회에서 학생 또는 학부모와 갈등 상황이 발생할 때 대처방안은
　　무엇입니까?

④ 국제성

　Q. 파견 희망국의 사회·문화적 특징을 설명해 보세요.

　Q. 해당 국가의 교육 환경에 대해 알고 있는 바를 말씀해 주세요.

　Q. 현지 교사와 협력할 때 필요한 태도는 무엇일까요?

　Q. 글로벌 시민으로서 가져야 할 자질은 무엇입니까?

　Q. 해외에서 문화 차이로 생길 수 있는 갈등 사례를 예상해 보세요.

Q. 파견국 언어로 자기소개를 해보세요.

Q. 현지어가 서툴 때 어떻게 의사소통을 유지하시겠습니까?

Q. 외국 문화에 적응했던 경험이 있습니까?

Q. 한국과 다른 문화권 학생들을 가르칠 때 주의해야 할 점은 무엇일까요?

Q. 해외에서 한국 교사로서 겪을 수 있는 어려움은 무엇입니까?

Q. 국제 감각을 기르기 위해 어떤 노력을 하고 계십니까?

Q. 외국어 실력을 향상시키기 위한 본인만의 방법은 무엇입니까?

Q. 다문화 수업을 운영한다면 어떤 콘텐츠를 활용하시겠습니까?

Q. 국제교류 행사에 참여해 본 경험을 말씀해 주세요.

⑤ 리더십

Q. 교사로서 리더십을 발휘한 경험을 말씀해 주세요.

Q. 학생 집단 내 갈등을 해결한 사례가 있습니까?

Q. 동료 교사와의 협업 과정에서 조정자 역할을 했던 경험은 무엇입니까?

Q. 위기 상황에서 문제 해결을 주도한 경험이 있습니까?

Q. 학생을 주도적으로 이끌어 성과를 낸 경험은 무엇입니까?

Q. 본인의 리더십 스타일을 어떻게 정의하시겠습니까?

Q. 해외에서 낯선 환경에서 교사로서 리더십을 발휘하는 방법은 무엇입니까?

Q. 팀워크보다 개인 성과를 중시하는 사람이 있을 때 어떻게 대처하시겠습니까?

Q. 조직에서 신뢰받는 리더가 되려면 어떤 조건이 필요합니까?

Q. 위기 상황에서 침착하게 대처한 경험이 있습니까?

Q. 갈등 관리에서 가장 중요한 것은 무엇이라고 생각하십니까?

Q. 본인의 리더십이 해외에서 어떻게 발휘될 수 있다고 생각하십니까?

파라과이 ∼ 장미림 선생님

| 집단 면접

집단 면접은 심사위원 맞은편에 다섯 개의 의자가 배치된 형태로 진행된다. 보통 세 개의 질문이 제시되며, 첫 번째 문제는 1번 지원자부터 5번 지원자까지 순서대로 답변하고, 두 번째 문제는 2번 지원자가 시작하여 1번이 마지막에 답하는 방식으로 이어진다. 면접 장소까지 이동하면서 예상 질문을 검토하고 말할 내용을 정리해보는 과정은 도움이 된다.

과거에는 생성형 AI가 없었기 때문에 예상 질문을 직접 출력해 검토했지만, 지금은 AI를 활용하여 보다 체계적으로 대비할 수 있다. 다만 준비 과정의 본질은 동일하다. 지원 기관의 공식 정보와 공고문을 숙지하고, 그 정보를 기반으로 자신의 답변을 정리해야 한다. 다음 세 가지는 모든 면접의 기본이 되는 질문이므로 반드시 선명하게 답변을 준비해두어야 한다.

📌 Check! 필수 대비 질문

Q. 지원동기

Q. 왜 이 나라(왜 이 기관)인가?

Q. 재외한국학교에서 교사의 역할은 무엇인가?

| 개인 면접

개인 면접은 한 명을 남기고 다른 네 명이 대기실로 이동하는 방식으로 진행된다. 긴장감이 크게 높아지는 순간이지만, 개인 면접은 결국 자기소개서 기반 질문과 위기대응 역량을 평가하는 자리이므로 즉흥적으로 지어내기 어려운 질문이 많다. 따라서 사전에 충분히 정리해 둔 자기소개서와 핵심 경험이 가장 큰 힘이 된다.

면접에서 중요하게 평가되는 요소는 협업 능력·의사소통·현지 적응 가능성 등이며, 이는 해외 근무의 특성상 더욱 강조된다. 해외에서는 어려움이 있어도 쉽게 학교를 이동하거나 휴직하기 어렵기 때문에, 학교 구성원과 장기간 협력할 수 있는 인성·태도·적응력이 필수적이다.

📌 **Check! 필수 대비 질문**

Q. (기혼자의 경우) 출국 시 가족 동반 여부, 자녀의 교육 계획

Q. 학급 담임 활동 시 가장 우선으로 두는 가치

Q. 관리자와 의견이 달라 갈등이 발생한 상황 및 해결 방법

Q. 이 항목들은 거의 모든 해외파견·초빙 면접에서 반복되는 질문이다.

영어 면접

개인 면접 바로 이어서 영어 면접이 진행되는 경우가 많다. 해외에서 근무하는 교사는 교육 활동만 수행하는 것이 아니라 한국을 대표하는 역할을 동시에 수행한다. 즉각적으로 외교관과 유사한 '국가 대표성'이 요구되며, 한인 사회에서도 그 이미지가 교사의 대외적 이미지에 직결된다. 따라서 영어 면접에서는 개인 의견을 말하기보다는 국가의 입장을 대표하는 태도가 중요하다. 근거를 명확히 제시하며, 국익 관점에서 사고하는 것이 핵심이다.

📌 **Check! 영어 면접 대비 사고연습**

아래와 같은 주제를 설정해 최근 이슈를 조사하고, 주장과 근거를 정리하는 연습이 필요하다.

Q. 청중 앞에서 상대방이 "독도는 일본 땅"이라고 주장할 때, 한국을 대표하여 어떤 근거를 들어 반박할 것인가?

Q. 이러한 질문은 단순 지식 확인이 아니라, 논리적 근거 제시·국가 대표성·위기 대응 능력을 복합적으로 평가하는 문제이다.

중국 ✒ 김유주 선생님

| 면접 예상문제 100

가. 지원동기 및 인성 영역 (1~15)

1) 해외파견을 지원한 이유는 무엇입니까? (교육철학이 녹아들게 답변)

2) 해외파견 근무에서 가장 큰 어려움은 무엇이라 생각합니까?

3) 본인이 가진 장점은 무엇입니까?

4) 본인의 단점은 무엇이며, 어떻게 보완해왔습니까?

　(단점인 듯 장점이게 말하는 것이 중요하다)

5) 교직에서 가장 보람 있었던 순간은 언제입니까?

6) 교직 생활 중 가장 힘들었던 순간은 무엇이었습니까?

7) 교사로서 중요한 가치는 무엇이라고 생각합니까?

8) 해외파견 교사에게 필요한 자질은 무엇이라고 생각합니까?

9) 본인은 적응력이 뛰어나다고 생각합니까? 그렇게 생각하는 이유는 무엇입니까?

10) 타문화를 이해하는 데 어떤 태도가 필요하다고 생각합니까?

11) 동료 교사와 갈등이 생긴다면 어떻게 하겠습니까?

12) 학부모와 갈등이 생긴다면 어떻게 대응하겠습니까? (공감, 소통, 신뢰, 존중)

13) 학생과 갈등이 생긴다면 어떻게 하겠습니까? (공감, 회복적 관계회복 중심)

14) 교직 철학을 한 줄로 표현한다면 무엇입니까?

15) 파견 종료 후 어떤 교사가 되고 싶습니까?

나. 전공 및 교직전문성 영역(16~30)

16) 본인의 전공이 해외에서 어떻게 도움이 된다고 생각합니까?

17) 영어교육에 대한 관심은 어떻게 이어왔습니까? (일반적으로 영어수업가능자 우대)

18) 에듀테크 활용 수업사례가 있습니까?

19) AI·디지털 교육자료나 코스웨어를 어떻게 활용할 수 있다고 생각합니까?

20) 학습 부진아를 지도한 경험이 있습니까? 어떻게 지도를 하였습니까?

21) 다문화 학생을 지도한 경험이 있습니까? 어떻게 지도를 하였습니까?

22) 프로젝트 수업을 진행한 경험이 있습니까?

23) 평가를 어떻게 운영해왔습니까?

24) 학부모 참여형 수업을 한 경험이 있습니까?

25) 원격수업 운영 노하우는 무엇입니까?

26) 협력교사와 협업한 경험이 있습니까?

27) 학습자료를 직접 제작한 경험이 있습니까?

28) 학생 맞춤형 지도를 한 사례가 있습니까?

29) 교사 전문성 신장을 위해 어떤 노력을 하고 있습니까?

30) 향후 교과 전문성 계획은 무엇입니까?

다. 수업 및 학생지도 영역(31~45)

31) 해외 한국학교 학생들의 특성은 무엇이라고 생각합니까?

32) 수업 목표는 어떻게 설정하십니까?

33) 학생 참여를 높이기 위해 어떤 방법을 사용합니까?

34) 협력학습을 운영한 경험이 있습니까? 운영시 어떤 활동에 중점을 둡니까?

35) 창의융합 수업을 진행한 경험이 있습니까?

36) 학생 자율활동을 지도한 경험이 있습니까?

37) 생활지도 철학은 무엇입니까?

38) 학업중단을 예방하기 위한 방법은 무엇입니까?

39) 교실에서 갈등을 중재한 경험이 있습니까?

40) 방과후 수업을 지도한 경험이 있습니까?

41) 학습 부진 학생 참여를 유도한 방법은 무엇입니까?

42) 학생들의 동기를 유발하는 방법은 무엇입니까?

43) 학급 경영 철학은 무엇입니까?

44) 수업을 개선하기 위해 노력한 경험은 무엇입니까?

45) 해외파견 시 가장 자신 있게 할 수 있는 수업은 무엇입니까?

라. 세계시민교육 및 현지 적응 (46~60)

46) 중국 교육문화에 대해 어떻게 이해하고 있습니까?

47) 중국어 실력은 어느 정도이며, 앞으로 어떻게 발전시키고자 합니까?

48) 다문화 학생을 지도할 때 가장 중요한 태도는 무엇이라고 생각합니까?

49) 세계시민교육을 수업에 적용한다면 어떤 주제를 다루고 싶습니까?

50) 해외 한국학교 학생들의 정체성 교육은 어떻게 접근해야 한다고 생각합니까?

51) 국제교류 수업을 기획한다면 어떤 내용을 중심으로 하겠습니까?

52) 해외 생활에 적응하기 위해 본인이 세운 전략은 무엇입니까?

53) 해외 생활에서 가장 큰 어려움은 무엇이라고 예상합니까?

54) 해외 생활의 어려움을 극복할 방법은 무엇입니까?

55) 현지 학부모와 긍정적 관계를 맺기 위해 어떤 노력을 하겠습니까?

56) 세계시민교육을 실천한 경험이 있습니까?

57) 다문화 감수성을 길러야 하는 이유는 무엇이라고 생각합니까?

58) 현지 사회와 연계한 교육을 어떻게 운영할 수 있습니까?

59) 세계시민교육이 학생들에게 주는 의미는 무엇이라고 생각합니까?

60) 귀국 후 세계시민교육 및 다문화 경험을 국내 교육에 어떻게 확산시키겠습니까?

마. 위기 대처 및 생활(61~75)

61) 예상치 못한 수업 환경 변화가 발생했을 때 어떻게 대처하겠습니까?

62) 긴급 상황(안전사고) 대응 경험이 있습니까? 어떻게 대처하였습니까?

63) 해외에서 아동 안전 문제를 어떻게 해결하겠습니까?

64) 교사로서 위기관리 철학은 무엇입니까?

65) 해외에서 가족 돌봄 계획은 어떻게 세우고 있습니까?

66) 아이들 교육을 어떻게 병행할 계획입니까?

67) 교사로서 스트레스를 어떻게 관리합니까?

68) 위기 상황에서 의사결정의 원칙은 무엇입니까? (학생 중심, 공동체 협의)

69) 문화적 충돌을 경험한 적이 있습니까?

70) 언어 장벽은 어떻게 극복하겠습니까?

71) 가정과 교직을 병행하면서 어려움을 극복한 사례가 있습니까?

72) 현지 병원·의료 시스템에 어떻게 대비하겠습니까?

73) 해외 한국학교 학생에게 긴급 상황(사고 및 자해 등)이 발생했을 때 교사로서 어떻게 대응하겠습니까?

74) 학교 내 위기 학생을 지도한 경험이 있습니까?

75) 교직 생활 중 가장 어려운 순간을 어떻게 극복했습니까?

바. 비전 및 기대 효과 (76~100)

76) 해외파견 후 한국으로 귀국 후 이루고 싶은 목표는 무엇입니까?

77) 해외파견 교사의 사명은 무엇이라고 생각합니까?

78) 해외 경험이 본인의 교육철학에 어떤 영향을 줄 것이라 생각합니까?

79) 학생들에게 세계시민교육을 어떻게 실천하겠습니까?

80) 파견 교사로서 본인이 가진 차별화된 강점은 무엇입니까?

81) 귀국 후 학교 현장에 어떤 방식으로 기여하고 싶습니까?

82) 해외파견 교사로서 가장 중점적으로 기여하고 싶은 분야는 무엇입니까?

83) 해외파견 경험이 학생들에게 어떤 긍정적 효과를 줄 수 있다고 생각합니까?

84) 교직 10년 후 본인의 비전은 무엇입니까?

85) 교사로서 남기고 싶은 발자취는 무엇입니까?

86) 파견 성과는 어떻게 측정할 수 있다고 생각합니까?

87) 파견 후 꼭 하고 싶은 프로젝트는 무엇입니까?

88) 본인의 교육 좌우명은 무엇이고 좌우명으로 선택한 이유는 무엇입니까?

89) 학생 교육에서 국제교류의 가치는 무엇이라고 생각합니까?

90) 해외파견 경험을 통해 본인이 가장 성장하고 싶은 부분은 무엇입니까?

91) 해외 교사로서 반드시 갖춰야 할 태도는 무엇입니까?

92) 파견지에서 현지 사회에 공헌할 수 있는 방안은 무엇입니까?

93) 본인의 장기적 연구 과제는 무엇입니까?

94) 교육부 파견 교사로서 가져야 할 책임감은 무엇입니까?

95) 귀국 후 어떤 변화를 교육 현장에 이끌고 싶습니까?

96) 해외파견 교사가 반드시 갖춰야 할 핵심 역량은 무엇이라고 생각합니까?

97) 해외파견 경험을 동료 교사와 어떻게 공유하겠습니까?

98) 후배 교사들에게 전하고 싶은 말은 무엇입니까?

99) 만약 파견에서 실패를 경험한다면 어떻게 활용하겠습니까?

100) 마지막으로 하고 싶은 말은 무엇입니까?

베트남 ✎ 송인화 선생님

| 일반적인 질문 예시

Q. 많은 한국학교 중에 ○○한국학교를 지원하게 된 동기는 무엇인가요?

Q. 재외한국학교에 지원하게 된 동기는 무엇인가요?

Q. 학교 구성원이 업무 추진을 관행대로 하고 있을 때, 어떻게 할 것인가요?

Q. 재외한국학교에 가장 하고 싶은 일은 무엇인가요?

Q. 교원능력평가에서 몇 점을 받으셨나요? 교원능력평가에 대해서 어떻게 생각하시나요?

Q. 선생님에게 부당한 업무가 부여된다면 어떻게 하실 건가요?

Q. 방과후학교 개설 시 자신이 가능한 수업은 무엇인가요?

Q. 한국인 정체성 향상을 위한 교육 방안은 무엇인가요?

Q. 2021년 특례입학 바뀐 거 간략하게 설명하세요.

Q. 가장 기억에 남는 수업은 무엇인가요?

Q. 교직 생활을 하면서 가장 기억에 남는 일은?

Q. 학생생활지도가 가장 어려웠던 학생에 대해 이야기해 주세요.

Q. 관리자와 갈등이 생겼을 때 어떻게 해결하실 건가요?

Q. 교사들 간의 문제가 생겼을 때 어떻게 해결할 것인가요?

Q. 학교에서 선생님들과의 관계를 어떻게 형성해가고 문제상황이 발생하면 어떻게 풀어갈 수 있나요?

Q. 교사가 갖춰야 하는 기본 태도는 무엇인가요?

Q. 고등학생들을 데리고 수학여행을 간다면 어디로 가고 싶은가요? 그 이유는 무엇인가요?

Q. 성공적인 교사로서 필요한 5가지 능력을 말하시오.

Q. 본인의 수업 강점은 무엇인가요?

Q. 계속 고등학교에서 근무를 하셨는데, 중학교 근무가 가능하신가요?

Q. 추가모집에서 지원했는데, 다른 학교는 어디에 지원했는가?

Q. 학생 생활지도 방안 및 자신만의 노하우를 설명하세요.

Q. 현재 맡고 있는 학년과 1년 동안 자신이 했던 수업

Q. 자녀가 학폭사안으로 전학이나 퇴학 조치를 받았다면 어떻게 할 것인가?

Q. 하노이한국국제학교는 독서교육을 중요시하고 있습니다. 지금 있는 학교에서
   독서교육을 어떻게 하고 있는지 이야기하고, 하노이한국국제학교에서 어떻게
   독서교육을 할 것인지 이야기 해 보세요.

Q. 해외에서 근무하는 것이 생각하는 것보다 훨씬 더 힘들고 어렵습니다. 때문에
   고민을 함께 나누고 의지할 가족이 중요한데요. 가족이 동행하십니까? 자녀 계
   획은 있으십니까?

Q. 본인이 생각하기에 본인은 학교가 우선이라고 생각하는가? 가족이 우선이라고
   생각하는가?

Q. 학교홈피에 나오는 학교의 목표 4가지를 모두 말해 보시오.

Q. 학부모의 교육열이 높은 곳이다. 학부모와 신뢰를 형성하는 나만의 노하우는?

Q. 월급에 비해 전세 및 물가가 많이 비쌀 것이다. 각오는 되어있는가?

Q. 학부모가 내 수업방식에 불만을 표시하면 어떻게 할 것인가?

Q. 중고등학교 여러 학년을 걸쳐서 지도할 수 있는가?

말레이시아 ✎ 서승현 선생님

※ 교육부 선발에 있어서 면접자, 말레이시아 한국국제학교 면접관 양쪽의 경험을 모두 가지고 있다. 이 경험을 바탕으로, 답변이 곤란한 질문들을 모아보았다. 면접 당일 당황하지 않도록 반복하여 연습해 보시기를 권한다.

| 곤란한 면접 질문 예시

Q.선생님의 학생지도에 대해 학부모님께서 불만이 있어 전화를 하셨다면 이에 대해 어떻게 대응하실 건가요?

Q. 선생님의 자녀가 친구들과 다툼이나 학교폭력 문제가 생겼을 때 어떻게 하실 건가요?

Q. 지원서를 보니 동반 배우자 없이 혼자 자녀를 동반하시는데, 자녀가 아플 경우 어떻게 대처하실 건가요?

Q. 앞으로 가르칠 재외한국학교 학생들에게 한국인으로서의 정체성을 갖게 할 수 있는 선생님만의 방법은 무엇인가요?

Q. 학교 업무를 추진하면서 가장 어려웠던 점과 그것을 어떻게 극복하셨나요?

Q. 재외한국학교는 다양한 지역에서 선생님들이 오십니다. 업무 방식에 있어 동료 교사와 문제가 생겼을 때 어떻게 해결하실 건가요?

Q. 현지 직원들과 문화적 차이가 있을 수 있습니다. 이 문제를 어떻게 극복하실 건가요?

Q. 교민 사회는 생각보다 넓지 않습니다. 학생들을 길에서 만나거나 쉬는 날에도 여행지 등에서 학부모님을 만날 수도 있습니다. 이에 대해 어떻게 대응하실 건가요?

🌐 현장실사 대비하기

해외파견·초빙 선발 절차에서 현장실사(레퍼런스 체크)는 최종 합격을 결정하는 핵심 단계다. 2차 면접이 끝난 뒤에는 지원자는 일상으로 복귀하지만, 실제로는 이 시점부터 최종 검증이 시작된다고 생각해야 한다. 며칠 후 지원자의 현임 학교 관리자에게 해외한국학교 또는 교육부 측에서 연락이 오는 경우, 이는 지원자가 최종 후보 명단에 올랐음을 의미하는 강력한 신호다.

1. 현장실사의 목적과 방식

현장실사는 약 20~30분 정도 진행되며, 다음과 같은 항목을 중심으로 지원자의 적합성을 검증한다.

· 근무 태도

· 동료 교사 및 행정실 직원과의 관계

· 수업 역량과 업무 추진 능력

· 학교 생활 전반에서의 성실성·책임감

· 대인 관계 및 협업 태도

한국 내에서는 대체 교원을 구하기 어렵지 않지만, 재외한국학교는 그렇지 않다. 한 명의 부적격 교사가 선발되면 학교 운영 전체가 흔들릴 수 있기 때문에, 현장실사에서는 지원자의 '실제 교직 생활 태도'가 매우 엄밀하게 확인된다.

또한 면접 1순위자가 부적격일 경우, 2·3순위 후보자가 적격이면 그 후보자를 최종 합격자로 결정한다. 전원이 부적격이면 다시 재공고가 이루어진다. 즉, 스펙보다 '적합성'이 절대적으로 중요하다.

2. 관리자와의 신뢰 관계가 핵심

현장실사는 지원자가 직접 대응할 수 없는 영역이므로, 평소 관리자와의 관계가 곧 실사 결과로 연결된다. 따라서 해외파견을 준비하는 교사는 다음을 반드시 유념해야 한다.

· 평소 근무 태도를 성실하게 유지한다.

동료·행정실 관리지 모두와 안정적인 관계를 형성해야 한다.

· 최종 면접 이후, 관리자에게 현장실사 가능성을 사전에 안내한다.

"전화가 올 수도 있다"는 사실을 공유하는 것으로 준비가 시작된다.

· 협조 요청은 구체적으로 한다.

"전화 오면 잘 부탁드립니다"보다 → "전화가 오면 제 ○○ 업무 역량과 △△ 수행 경험을 중심으로 말씀해 주시면 감사하겠습니다"처럼 강조해주면 좋을 요소를 명확히 전달하는 것이 효과적이다.

관리자들은 대부분 지원자를 응원하는 마음으로 긍정적인 답변을 해주지만, 구체적 요청이 있을수록 지원자의 강점이 더 선명하게 전달되며 최종 합격 가능성도 높아진다.

3. 현장실사 전화가 왔다면?

현장실사가 실제로 진행된다면 이는 최종 후보군(Top 후보자)에 올랐다는 뜻이다. 이 단계까지 왔다면 지나친 불안보다는 현실적인 기대를 가져도 된다. 현장실사에서 긍정적 평가가 이루어지면 최종 합격으로 이어지고, 만약 부적격 판단이 내려지면 후순위 후보자에게 기회가 넘어간다.

4. 가장 중요한 조언: "모든 사람에게 잘해야 한다"

해외파견은 단순 스펙 경쟁이 아니라, 현장에서 함께 일할 수 있는 사람인지, 신뢰할 수 있는 전문성과 인성을 갖추었는지를 종합적으로 보는 과정이다. 따라서 평소 교직 생활 전반을 "언제 실사 대상자가 볼지 모르는 하루"라는 마음으로 일하는 것이 중요하다.

동료 교사와의 관계, 행정실 직원과의 소통, 관리자와의 협업, 학생·학부모와의 대응. 이 모든 것이 현장실사에서 그대로 드러난다. 실사 과정에서 단 한 사람의 부정적 의견이 큰 변수가 되기도 한다. 그렇기에 해외파견을 준비하는 교사에게 가장 강조하고 싶은 말은 이것이다.

"평소 모든 사람에게 친절하고 신뢰받는 교사로 일해야 한다."

철저한 검증을 통과해야 하는 해외파견의 특성상, 평소의 태도가 곧 최종 결과를 결정한다.

PART 3

해외 근무 리얼 스토리:
출국부터 수업까지.
다섯 나라, 다섯 이야기

해외 학교 리얼 스토리 + 리얼 생활 꿀팁 공유

프랑스

김병수 선생님

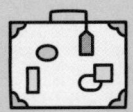

🌐 프랑스로의 출국을 준비하며

교육부 프랑스 해외파견 합격으로 프랑스 생활을 시작하게 되었다. 한국에서 가장 먼저 해야 할 일은 역시 짐싸기였다. 해외에서 생활하면서 현지에서 구하지 못하는 것들이 무엇인지 생각해 보았고, 프랑스 학교에서 수업에 활용할 교구와 책들을 가장 먼저 챙기기 시작했다.

프랑스에 도착해서는 가장 중요한 주거 문제부터 스스로 해결해야 했다. 도움을 주는 이는 따로 없었으며, 모든 걸 혼자 해내야 했다. 휴대전화를 개통하고 생활에 필요한 자전거를 구입하고 교통 이용권 구입 및 은행 계좌를 개설하는 등, 한국에서는 간편했던 일들이 프랑스에서는 쉽지 않았다.

집을 구할 때 필요한 보증인과 은행 계좌 등을 어렵게 준비해서 집을 드디어 계약하고, 침대부터 청소기, 냉장고, 세탁기 등 생활에 필요한 물건들을 사기 시작했다. 프랑스의 자전거 문화는 한국과 특히 달랐다. 자전거 수리점에서 개인이 자전거의 부품을 찾아 수리하는 장면을 목격할 수 있었다. 비싼 자전거를 사기보다는 중고 자전거를 사는 문화도 발견했다. 자전거 도둑이 엄청 많다는 것을 프랑스 생활 한 달도 채 안 되었을 때 알게 되었다.

해외파견을 갈 때 꼭 준비해야 할 것이 무엇일까? 공증 번역된 자신의 신분을 증명하는 주민등록등본부터 가족관계증명서 등 관련 서류들을 많이 복사해서 가져가고, 증명사진도 많이 가져가는 것이 도움이 된다는 점도 말하고 싶다. 그리고 해외 물가를 고려해서 집 문제 등 초기에 들어갈 비용들도 미리미리 계산해서 자금 계획을 세우는 것이 무엇보다 중요하다.

🌐 프랑스 학교의 업무와 소통 문화

프랑스 학교에 첫 출근했던 날의 기억은 지금도 선명하다. 프랑스 파견 전, 다문화가정 대상 국가 파견 프로그램으로 필리핀 학교에 첫 출근했을 때는 필리핀 현지 학생들이 축하 공연을 5개나 해주었다. 그중에는 애국가도 있었고 K-POP도 있었다. 그때의 기억을 가지고 프랑스에 첫 출근했는데, 과연 어떤 풍경이 나를 맞이했을까?

아무도 나에게 관심을 갖는 사람이 없었다. 교직원 회의가 시작되었지만 반절은 앉아 있었고, 반절은 밖에서 커피를 마시며 이야기를 나누고 있었다. 프랑스의 자유로운 분위기에 나는 많이 놀랐다. 첫날이라 정장을 입고 출근을 했는데, 정장을 입은 사람은 나밖에 없었다. 모든 것이 새로웠고 낯설었다. 프랑스의 자유와 개인주의에 대해서도 생각해 보게 되었다.

내가 해외파견을 갈 때 가고 싶었던 학교는 에듀파인과 나이스를 쓰지 않는 외국 학교였다. 외국 학교의 실제 모습은 어떨까? 1회성이 아니라 일회성으로 공개 수업을 참관하는 것이 아니라, 그 학교에서 실제로 근무해 보면 외국 학교의 실제 모습을 더욱더 자세히 들여다볼 수 있겠다는 생각이 들었다. 매일매일이 공개 수업 참관인 것이다. 그리고 그토록 원했던 해외 학교 근무를 하게 되었다. 똑같지 않은 삶이었고 설렘과 긴장이 있는 하루하루가 이어졌다. 나처럼 외국 학교를 희망하는 선생님이 계시다면 가장 중요한 게 '문화 적응성'이라고 말하고 싶다. 나라별로, 학교별로 문화가 천차만별인데, 같은 대륙이 아닌 다른 대륙의 학교는 분명 한국과 많이 달랐다. 이 차이에 대해서 빨리 적응하고 그들과 조화롭게 융화되어 생활하는 것이 무엇보다 중요했다.

학교 청소는 학생들이 하지 않았으며, 청소를 하시는 직원분이 따로 계셨다. 그리고 학생들의 등교 시간이 지나면 학교 문은 굳게 닫혔다. 선생님들은 자신의 수업이 있을 때 알아서 출근하는 시스템이었는데, 선생님들이 드나드는 문은 따로 있었다. 그리고 프랑스는 열쇠꾸러미의 나라였다. 한국과 같은 비밀번호 입력 시스템이 아니라 열쇠로 문을 열고 잠그는 문화였다. 그래서 집 열쇠부터 자전거 열쇠, 학교 열쇠 등 무거운 열쇠꾸러미를 가지고 다녀야 했다. '왜 이렇게 불편하게 생활할까?' 하는 생각도 들었지만 그들의 문화였다. 어찌 됐건 출퇴근 시간이 고정적이지 않다는 것도 충격이었다.

교직원들 간의 소통 방식에서도 많이 놀랐다. 언제나 전달할 일이 있으면 장문의 편지체로 메일을 보냈다. 한국과 같은 간단한 메신저 창을 통한 소통은 전혀 찾을 수 없었다. 형식을 갖춘 편지글로 메일을 주고받으며 소통하는 점을 확인할 수 있었다.

연간 학사 일정을 파악했는데, 9월에 학기는 시작되고 총 3학기제였다. 그런데 여기서 놀라운 점은 7주 수업하고 2주 방학, 다시 또 7주 수업하고 2주 방학, 이 흐름이 계속되다 여름방학은 약 두 달로 이어지는 학사 일정으로 짜여져 있었다. 방학이 정말 많았다. 점심시간은 2시간이었으며, 학생들은 요일 선택제로 요일별로 학교에서 점심을 먹는 날과 집에서 먹는 날도 선택할 수 있었다.

그리고 가장 충격적이었던 사실은 한국의 선생님들이 사용하는 교무실이 없었다는 점이다. 저마다 다른 근무 시간으로 고정 자리도 없었다. 교무실은 없었지만 교사 휴게실은 있었다. 2교시가 끝나면 선생님들은 이곳에 모여서 커피와 빵 등 준비해 온 음식들을 먹으며 이야기를 나누는 시간이 있었다. 물론 이것도 참여하고 싶은 사람만 자유롭게 참여해서 이야기를 나누는 시간이었다.

이외에도 다른 점은 한두 가지가 아니었다. 아무도 나에게 업무의 흐름과 내가 놓치면 안 될 것을 안내해 주는 사람이 없었기에, 나는 매일 아침 일찍 출근해서 나의 궁금증을 해결해 줄 선생님들을 찾았다. 그런데 질문이 있다고 물어

보면 돌아오는 대답은 "나 몰라"였다. 한국 선생님들의 따뜻한 정은 찾아볼 수 없었다. 스스로 찾고 스스로 노력해서 학교 일에 적응해야 했다.

모든 시험은 서술형이었으며, 객관식 시험이나 일제식 고사는 없었다. 교과목별로 선생님들 수업 시간에 마치 한국 교실의 형성평가처럼 시험을 봤고, 시험 원안지를 검토하거나 교차 점검하거나 이런 일들은 없었다. 교사가 책임을 지고 자신의 수업을 이끌고 평가 및 피드백까지 해야 했다.

프랑스에서는 '철학'이 중요했다. 바칼로레아를 통해 많이 들어봤지만, 정말 철학이 중요한 나라라는 것을 프랑스에 살면서 체감할 수 있었다. 고등학생 때 철학을 배우는 나라. 그리고 더불어 프랑스에 살면서 나 역시 "어떻게 삶을 살아가야 할까"에 대해 깊이 있게 고민해 볼 수 있었다. 학생들에게 필요한 건 고민하고 질문하는 시간이라는 것도 깨닫게 되었다. 자신의 논리로 상대방을 설득해야 하는 시험 방식이 출제자의 의도를 파악해서 정답을 선택하는 한국의 시험 방식과 다르다는 것을 발견했다.

하지만 교사의 책임과 교사 개인의 역량에 따라서 수업의 질 차이가 심하고, 공립 학교에서 학생들을 한 명, 한 명 챙기지 않는 모습을 보니 차갑게도 느껴졌다. 한국의 경우처럼 학생들과 교사들 간의 끈끈한 유대감도 찾기는 힘들었다. 물론 현재 한국도 많이 달라졌지만 말이다. 어찌 됐건 프랑스는 온전히 교사 개인의 역량으로 모든 걸 해야 하는 시스템이었다. 누군가 교사의 출제에 대해 감독하는 사람은 없었다. 수업 역시 자신이 수업 자료를 마련해서 수업을 이끌어야 했다.

그리고 학기말 성적 사정 안 때는 학부모 대표, 학생 대표, 모든 교과목 선생님들이 모여서 한 학급씩 회의를 진행했다. 한 학생에 대해서 모든 과목의 선생님들이 이야기하는 시간이었다. 형식적인 것은 없애고 꼭 필요한 것에 관심을 쏟는 부분이었다. 교사에게 행정업무는 없었다. 교사는 철저히 가르치는 사람이었다.

이런 환경 속 프랑스에 근무하면서 "교사의 본질은 무엇일까"라는 생각을 자연스럽게 하게 되었다. 새 학년 준비에 앞서 업무 분장으로 인한 스트레스를 한국에서 교사를 했던 분들이라면 아마 공감할 수 있을 것이다. 때로는 주객이 전도되어 수업보다 업무를 처리하는 데 쏟는 에너지가 더 필요할 때도 있었다. 그런데 프랑스는 달랐다. 프랑스에서 가장 중요한 건 수업이었고, 가르치는 일이었다.

그리고 프랑스의 3대 정신인 자유, 평등, 박애. 이것은 학교 안에서도 피부로 느낄 수 있었다. 관리자인 교감, 교장 선생님이 높은 사람이 아니었으며, 성적표를 출력하고 계시는 교감 선생님의 모습은 나에겐 색다른 광경이었다.

🌐 프랑스에서 만난 학생들의 환경과 특징

내가 근무했던 곳은 동화 같은 마을이라 불리는 스트라스부르였다. 독일과 접경 지역이라 독일도 가까웠고, 실제로 학교에는 독일 학생도 많았다. 독일 학생뿐만 아니라 전 세계 약 17개국 아이들이 섞여 있었다. 이 안에서 수업을 하며 한민족에 대해서도 다시금 생각해 보게 되었다. 여러 아이들이 아무렇지 않게 자연스럽게 동화되어 수업을 받고 있었고, 이것은 아주 자연스러운 현상이었다. 다문화 교육에, 세계 시민 교육에, 국제교류에 더욱더 관심을 갖게 된 계기가 되었다.

트램을 타면 정말 다양한 언어가 여기저기서 흘러 나왔다. 국가는 프랑스지만 프랑스어, 독일어, 영어, 아랍어, 스페인어 등 다양한 언어들을 들으며 유럽 의회가 있는 국제도시에 살고 있음을 실감할 수 있었다. 그리고 프랑스 사람들은 '영어'가 여러 언어 중 하나일 뿐이야라는 인식을 하고 있음을 느낄 수가 있었다. 영어를 무조건 해야 한다는 생각은 없었다. 교사들 회의를 할 때 내가 영어로 발표하자 프랑스 선생님이 프랑스어로 말하라고 했던 기억이 있다. 프랑스에서 지내려면 프랑스어는 필수였다.

프랑스 공립 국제중학교 교육과정도 한국과는 많이 달랐다. 언어와 역사, 인문학이 중시되고 있었다. 프랑스 학교에 근무하며 왜 유럽 사람들이 3개 국어, 4개 국어를 할 수 있는지 이해할 수 있었다. 교육과정 안에서 기본적으로 모국어인 프랑스어를 배우고, 여기에 영어를 추가로 배웠으며 또 하나의 언어를 추가해서 중학교 시절부터 다양한 언어를 배울 수 있었다. 내가 가르친 학생 중에는 방과후에 라틴어를 배우는 학생도 있었다. 여기에 고등학생 때 언어를 하나 더 배우게 되면 학창 시절에 4개 국어를 배우게 되는 셈이었다.

프랑스의 중학교에서 신기했던 점은 매 교시마다 학생들이 교실로 이동하는 교과교실제였는데, 수업시간 종이 울리면 운동장에 표시되어 있는 교실 이름 앞에 줄을 섰고, 선생님들은 학생들을 데리고 교실로 인솔해 갔다. 학생들의 시간표는 다 달랐다. 그리고 수업이 시작되면 학생들은 자리에 앉아 있지 않고 모두가 일어서 있었다. 선생님이 수업 준비가 다 되었으니 앉으라고 하면 학생들은 그때서야 자리에 앉았다.

필리핀에 근무했을 때 수업이 시작되면 학생들은 기도를 했고, 수업이 끝날 때도 기도를 했다. 나라별로 서로 다른 수업 문화를 발견할 수 있었다.

프랑스 수업 관찰 중 인상적이었던 과목은 '체육'이었다. 어릴 때부터 마라톤 및 기초 체력 단련 수업이 주를 이루었고, 학년 집중제로 카약이나 스키를 몰입해서 배우는 시간들도 있었다. '재미' 위주보다는 기초 체력 위주로, 또 남녀가 동등한 입장에서 체육 수업을 하는 장면을 보면서 유럽인들의 마라톤 문화도 이해할 수 있었다.

더불어 한국의 사교육 기관 같은 학원이 없었던, 내가 근무했던 지역 특성상 학생들은 하교 후에 보통 스포츠를 하거나 악기를 배우는 등 예체능 활동을 하는 모습을 목격했다. 한국의 학생들이 하교 후 학원에서 또다시 공부를 하러 가는 모습과는 많이 달랐다. 특히 프랑스 아이들은 천연 잔디에서 아주 어릴 적부터 클럽하우스에서 축구 생활을 하는 모습도 확인할 수 있었다. 축구 선수를 희망하진 않더라도 취미로 운동을 즐겁게 하는 환경이었고, 어자 축구단도 많이 발견할 수 있었다.

프랑스 교육의 목표는 무엇일까? 건강한 신체와 건전한 인성을 지닌 독립된 성인으로 자라게 도움을 주는 것이 프랑스 교육의 철학이 아닌가 하는 생각이 들었다. 한국과 같은 대학 입시 시스템과는 많이 달랐다.

이곳에서 나는 한국어 수업을 했고, 한국 문학 수업을 했다. 소수의 한국 학생들에게는 중등 국어 문학 수업을 했고, 외국 학생들에게는 한국어 수업을 했다. 프랑스에는 '국제 섹션'이라는 제도가 있다. 이중 언어를 배우는 정책인데, 프랑스 학교 안에서 다른 언어와 문화를 깊이 있게 공부하고 싶은 학생은 시험을 봐서 통과하면 다른 학생들보다 추가 6시간 해당국에서 개설한 교과목을 배운다. 내가 근무한 곳에서는 포르투갈 섹션, 독일어 섹션, 폴란드 섹션, 그리고 한국어 섹션이 있었다. 한국어 섹션을 선택한 학생들에게 나는 한국 문학을 가르쳤다. 외국어 교육, 글로벌 인재를 양성하기 위한 정책이었다.

더불어 나는 프랑스 교육의 특징인 문화 수업도 병행했다. 사물놀이, 캘리그라피, 태권도, 부채춤, K-POP 댄스, 한국어 등 한국의 문화를 외국 학생들에게 알리는 일, 이것이 파견 교사의 역할 중 하나였다. 나는 이것들 중 한국어를 가르쳤고, K-POP에 도전해서 안무를 배우고 공연을 했다. 그리고 수업 때 학생들에게 K-POP 춤을 가르쳤다. 해외파견을 꿈꾸는 분들이라면 앞서 언급한 것들을 미리미리 익혀 가지고 온다면 해외 학교에 근무할 때 큰 힘이 될 것이란 걸 말해 주고 싶다.

그리고 프랑스에서는 한국에서는 경험하지 못한 경험을 했는데, 바로 학생 모집이었다. 파견 교사의 역할이었다. 더 많은 학생들이 수업을 등록하고 수강 신청하게 하는 일이 나의 역할 중 하나였다. 그래서 어떻게 하면 수업을 더 재미있고 의미 있게 할 수 있을까를 더 고민하고 연구했던 시간이었다. 프랑스 학교에 있는 학교 개방의 날에는 한국 교실을 꾸며서 프랑스 학부모들 및 다양한 나라의 부모님들에게 한국어 교실을 홍보했다. 대사님 방문 공개 수업도 했고, 이런 활동들이 프랑스 언론에도 홍보되는 등 한국에서 경험하기 어려운 일들을 해볼 수 있었다.

다양한 상황에서 전문성을 발휘해서 주어진 일을 잘 해내야 했고, 성과도 이어질 수 있게 해야 했다. 프랑스 해외파견은 우리나라에서 처음 있는 일이었기에 누구에게 물어보거나 조언을 구할 곳은 없었다. 하지만 설렘과 열정으로 주어진 환경에서 최선을 다하며 즐겁게 일했다. 그리고 다양한 상황을 접하며 해외파견을 갔을 때 유연한 상황 대처 능력이 정말 중요하다는 것도 깨닫게 되었다.

🌐 의료

해외파견국을 선정할 때 무엇보다 고려해야 할 점은 의료라고 생각한다. 치안과 의료, 안전과 건강에 관련된 부분은 무엇보다 중요하다. 가족과 함께 가는 경우라면 그 점을 미리미리 알아봐야 한다.

프랑스에서 생활하면서 얼마나 한국의 의료 시스템이 편리한 시스템인지 알게 되었고, 한국의 행정이 얼마나 빠르고 정확한지도 느끼게 되었다. 프랑스에 있을 때 운전 면허증을 발급받는 데 무려 1년이 걸렸으니 말이다.

해외에 갔을 때 가장 조심해야 할 일은 첫째도 건강, 둘째도 건강, 셋째도 건강이다. 건강 문제로 인해 파견 기간 3년을 다 채우지 못하는 경우도 많다고 들었다. 나 역시 해외파견 막바지에 부상을 당해 병원에 갔는데, 너무 느린 의료 시스템, 분업화된 시스템으로 MRI를 찍는 데 6개월이 걸린다는 말을 듣고 진료를 포기했던 기억이 있다. 그래서 해외에 가서는 무리한 액티비티는 권하고 싶지 않다. 건강을 지키는 일이 무엇보다 중요한 일이기 때문이다.

🌐 관용여권

교육부 해외파견으로 파견지에 가게 되면 관용 여권을 받게 된다. 관용 여권은 신분을 확실히 증명해 주며, 가족 전체가 관용 여권을 받고 생활할 수 있었다. 혹시나 해외 학교 근무 중 해외 여행을 자주 하고 싶은 사람은 해외파견이 아닌 해외 초빙을 권하고 싶다. 왜냐하면 해외파견은 해외 여행을 갈 때마다 승인을 받아야 하는 교육 공무원 신분이기 때문이다.

물론 자국 안에서는 자유롭게 여행이 가능했고, 그 덕분에 프랑스 많은 지역을 가족과 함께 여행할 수 있었다. 알프스에서 가족들과 함께 스키를 탔던 추억은 지금도 행복한 기억으로 남아 있다. 해외파견으로 프랑스에서 지낼 수 있었기에 가능한 일이었다.

⊕ 축구와 벼룩시장

프랑스에서 학교 생활을 제외하고 나에게 가장 행복을 준 것은 바로 축구와 벼룩시장이었다. 프랑스는 정말 축구의 나라였고, 한국에서는 시차로 인해 보기 어려웠던 경기들을 퇴근 후 저녁 때 볼 수 있었다. 한국에서 축구 스포츠클럽을 지도하고 축구 명예기자를 했던 터라, 축구에 관심이 많았던 나에게는 프랑스의 축구 문화는 기쁨이었다.

보고 싶었던 챔피언스리그 직관도 할 수 있었고, 프랑스인들과 함께 조기 축구도 할 수 있었다. 조기 축구회 회식이 지금도 기억에 많이 난다. 클럽하우스에 있는 펍에서 회식을 했는데, 처음 맥주 한 잔을 마시고 그다음부터는 와인을 마셨다. 그리고 마지막은 디저트와 커피로 마무리했다.

여행과 사는 것은 다르다고, 프랑스 사람들과 함께 생활하면서 그들의 생활문화를 온몸으로 경험할 수 있었다. 인상 깊은 일화는 같은 팀원 중 처음으로 자녀가 태어난 팀원이 있었다. 나는 축하의 의미로 아기 옷 선물을 준비해 갔다. 그런데 선물을 받은 그분이 너무 좋아하는 것이다. 알고 보니 팀원 중 선물을 준비한 사람은 나밖에 없었다. 그들에게는 축구를 같이 하는 동료였지 친구는 아니었던 것이다. 동료와 친구의 개념에 대해서도 다시 한 번 생각해 볼 수 있었다.

그리고 주말마다 나에게 행복을 준 것은 바로 프랑스 벼룩시장이었다. 역사적인 물건들을 볼 수 있었고, 숨은 진주를 찾는 과정, 흥정을 하는 것, 한국에서 보기 힘든 이색적인 물건들을 구경하는 것이 주말의 행복이었다.

프랑스에 살면서 자연스럽게 와인을 자주 마시게 되었고, 아침은 그들처럼 크루아상 하나와 에스프레소를 마시게 되었다. 물론 한국에 오자마자 다시 한국생활로 돌아왔지만 말이다.

파라과이

장미림 선생님

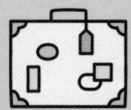

가장 먼저 파견과 초빙에 대한 나의 견해는 분명했다. 나는 남편과 아이가 함께 출국해야 하는 상황에서 한국에서 지급되는 월급과 경력이 빈틈없이 유지되는 파견이 필요했고, 그래서 기다렸다. 나의 상황에서 중요 순서로 고려할 점을 나열한다면 경제적인 여건, 해당국의 물가, 자녀 교육 환경, 해당국의 공식 언어, 경력의 유지, 여행, 한인촌 형성 여부, 병원 시설, 운동 시설 등이다. 결혼과 자식의 유무에 따라 여러분의 순위는 다를 수도 있겠다. 하지만 초빙이냐 파견이냐는 보통 경제적 여건과 자녀 교육 환경, 이 둘 안에서 결정되니 자신의 상황에 맞게 선택하고 준비해야 할 것이다.

남미에 있는 파라과이한국학교와 재외국민학교의 가장 큰 차이점은 각 나라에서의 학교 인가 여부다. 파라과이한국학교는 파라과이의 수도 아순시온에 위치해 있다. 해당 국가에서 초등학교의 인정을 받기 위해서는 파라과이 역사와 그들의 언어(과라니어)가 필수 과목으로 편성해야 한다. 하지만 교육부의 지위를 받는 파라과이한국학교에서 파라과이의 역사와 언어 교과를 필수로 가르칠 수는 없었다. 따라서 엄밀히 말하면 파라과이한국학교는 파라과이 내 정규학교가 아니다.

현지에서 살고 있는 재외국민의 자녀를 교육 대상으로 하기는 하나, 파라과이한국학교를 졸업할 경우 현지 중학교에 진학할 수 없다. 비인가 학교이기 때문이다. 따라서 학생들은 오전에는 현지 초등학교에 가고 오후 2시부터 오후 6시 30분까지 파라과이한국학교에 온다. 정규학교가 아닌, 방과 후에 다니는 마을 돌봄 센터 같은 개념으로 현지 교포들은 생각한다. 그래서 당연히 현지 학교가 우선이고, 축제나 시험, 행사 등이 있으면 결석하는 것이 자연스럽다.

비가 심하게 내려도 학교에 오지 않는 아이들이 많다. 배수로가 잘 갖추어져 있지 않아 도로가 쉽게 범람하고 위험하기 때문에 그들 기준에서는 쉽게 포기할 수 있는 '학원 같은 개념'일 수도 있다. 꿩장히 어렵게 관문을 통과하여 파견을 갔는데, 도착했을 때 한국에서의 교사 생활만 하던 우리는 당황할 수 있다. 현지의 비인가 교육기관에서 학생의 출결과 유예를 걱정하며 지내게 될 거라고는 생각 못 했을 테니.

하지만 이런저런 적응의 과정이 지나가면, 그 어려운 환경에서도 추가로 학비를 내고 한국어와 한국 문화, 한국 친구들과의 관계 형성을 위해 우리 학교에 아이들을 보내주는 한인 가정에 감사하는 마음이 생긴다. 학교 하나 다니는 것도 버거운데, 오후에 두 번째 학교까지 와주는 아이들이 고마워진다. 그곳에 도착하면 이해가 되고, 이해가 되면 고마움이 생긴다.

그렇다면 이에 연관된 차이점은 근무 시간과 하는 일이다. 오전에 우리 학교 학생들이 현지 학교에 가기 때문에 교사들은 반대로 오전에 출근하여 회의를 하거나 수업 준비 및 업무를 한다. 학년별로 교실이 있고, 해당 교실에 교사용 책상과 컴퓨터가 있는 모습은 비슷하다. 내가 맡은 학년의 교실에서 주로 오전 시간을 보내고, 회의가 있는 시간에는 교무실에 모인다. 교무실은 교장실 옆에 따로 마련되어 있다.

오전 8시 30분에 출근하여 11시 30분까지 3시간 오전 업무를 보고, 11시 30분부터 2시간 동안 시에스타(siesta) 시간을 보낸다. 남미는 낮 시간이 너무 더워 점심 식사 이후 충분히 휴식을 취하고, 해가 뜨거울 때 일하는 것을 쉬는데 이 중간 휴식 시간을 시에스타라고 한다. 점심과 휴식 이후 오후 1시 30분에 다시 학교에 가서 학생을 맞이할 준비를 한다.

1교시는 오후 2시에 시작하고, 40분 수업에 10분 쉬는 시간은 동일하다. 5교시를 하고 오후 6시 30분에 일제히 하교한다. 학교 안에 운동장이 있고, 야외 수영장이 있으며 여름이 오면 체육 시간과 방과후활동 시간을 활용해 전교생이 수영 수업을 한다. 학생들이 하교하는 시간에 학생들을 보내면서 교사도 퇴근한다.

교실과 화장실 청소는 학교 현지 직원들이 매일 담당한다. 위생에 대해 묻는 이가 있다면, 그들이 더 깨끗하게 청소하고 산다고 말하고 싶다. 국가의 도로나 전반적인 국민성에 대해서는 다른 의견이 있을 수 있지만, 인건비가 저렴하기 때문에 가정이나 가게에 많은 사람들이 고용되어 일하고 청소는 자주 이루어진다.

또 이와 연결된 수업 시수다. 한국에서는 학년별 연간 수업 시수가 존재한다. 그런데 근무 시간의 차이점에서 언급했듯이, 모든 학생들이 오후 2시에 1교시를 시작해서 오후 6시 30분에 5교시가 끝난다. 그럼 어떻게 될까? 그렇다. 1~2학년은 수업 시수가 넘치고, 5~6학년은 모자라게 된다.

늘 그렇듯이 넘치는 것은 문제가 되지 않으나, 모자라는 것은 문제가 되어 고질적으로 교육부 감사 때마다 수면 위로 올라오는 문제다. 다만 스쿨버스 운영, 동아리 등 간학년 활동, 형제자매 등교 시간 문제 등 여러 가지를 고려해 찾은 '전 학년 동일 시정표'이기에 해결책은 묘연하다. 교육부에서도 이와 같은 사정을 알고 있고, 학교에 융통성을 주되 해결할 수 있는 방법을 찾고자 노력하지만 재외학교 사정이라는 것이 생각만큼 간단하지 않다는 것을 가보면 알게 된다.

NEIS가 설치되지 않는다. 이게 의미하는 바가 무엇일까? 공문이 오지 않는다는 것이다. 교육부에서 오는 공문은 교장 선생님의 이메일로 오고, 여기에서 보고할 것이 있을 때 교장의 전결 혹은 대사관 한국 대사의 결재가 필요한 사항들이 있다.

업무 경감이 요즘 핫 이슈인데, 이곳에 가면 보고하고 제출할 공문이 '제로'
다. 다만 학교를 잘 운영하고 학급을 운영하는 것에 집중하게 되고, 학교 하나만
의 행사가 아니라 학부모 및 크게는 한인과의 행사를 기획해야 하는 경우도 있
다는 점이 다르다. 오로지 학교 내부의 운영을 위한 업무만 존재한다. 그렇게 찾
던 유니콘 같은 학교가 지구 반대편에 있다.

내가 외국에 있을 때 매일같이 생각한 게 하나 있다. "하루가 3일 같다."

가족과 연락은 쉽게 주고받을 수 있으나 경조사에 함께할 수도 없고, 정말 학
교만 다녀오면 오롯이 우리 가족만의 시간이 주어진다. 미국 학교와 한국학교
두 곳을 동시에 다닌 입국 당시 7세였던 아들은 이제 어엿한 고등학생이 되었고,
1학년에서 5학년까지 재학하다 코로나가 심해져 고민 끝에 입국을 결정했다.

'하루가 3일 같다'는 말은 싫었다는 의미가 아니다. 길게 늘어진 시간을 천천
히 즐기는 느낌이었다. 한국에서도 8시간 근무하고, 파라과이에서도 8시간 근무
하는데 왜 그곳에서는 그렇게 여유롭고 하루가 느리게 갔나 모르겠다. 그러면서
도 이 날들이 천천히 지나가 파견이 끝나는 날 아쉽지 않기를 바랐다.

편도 30시간이 넘는 비행을 겪고 파라과이에 도착하면서 "아, 파견 3년간 한
국에 들어가지는 못하겠다!"라고 생각했는데 정말 그렇게 됐다. 내가 한국 땅을
밟은 것은 파견 3년을 마치고 귀국할 때였다.

내 인생에서 가장 뜨겁고 생경했던 3년의 시간이었고, 나는 그때를 내 인생의
'인디안 썸머(Indian Summer)'라고 생각한다. 북아메리카 원주민의 언어라고 하는
데, '인생의 기적 같은 순간'이란 뜻이란다. 우연과 우연이 겹쳐 파견 조건을 맞
췄고, 남편의 동의로 우리는 남미 · 중미 · 북미를 누리며 다시 오지 못할 시간들
을 보냈다.

나 때는 1년에 0.25점이라는 승진 가산점을 줬고, 3년을 일해서 0.75점을 받았지만 내가 승진 서류를 준비할 수 있는 시점부터는 0.5점이 상한선으로 제한됐다. 하지만 그마저도 농어촌이나 기타 벽지 등의 근무를 모두 채운 이들에게 비하면 교감 지명을 기대하긴 어려운 인생에 가까웠다.

네이버 카페에서 승진을 위해서는 파견 가산 승진점이 한국 내에서 채울 수 있는 부장교사 및 농어촌, 연구학교 등의 점수를 쌓는 것에 비하면 손해일 수 있으니 승진을 염두한다면 해외파견을 지원할 때 고민해보라는 조언을 읽은 적이 있다. 떠날 때는 이 파견 가산점이 뭔가 큰 역할을 해줄 수 있지 않을까라고 생각한 적도 있지만, 사실 그것은 거의 고려하지 않았다.

그런데 가서 재외국민학교의 기관장으로 파견된 관리자의 대우가 교사와 사뭇 다르다는 것을 깨달았다. 교육부 파견에 선발되고 서울에 있는 호텔에서 연수를 할 때 연구관님이 이런 말씀을 하셨다.

"파견이라는 것은 안 하시는 분은 있지만, 한 번만 하시는 분은 없습니다."

다들 웃었고, 그때는 무슨 말인지 그 뜻을 정확히 몰랐는데, 3년의 꿈 같은 시간을 보내다 보니 다음 기회가 있었으면 좋겠다고 생각하게 되었고, 그 기회는 '관리자일 때'였으면 좋겠다는 마음을 품으며 귀국했다.

🌐 파라과이 간단 소개

- 파라과이한국학교는 파라과이의 수도 아순시온에 위치한다. 공항에서 차로 30분가량이면 학교에 도착할 수 있고, 학교를 포함한 한인촌은 4시장 (메르까도 꾸아뜨로) 근처에 위치해 있다. 부임할 때 한국학교에 출국하시는 선생님이 비행기 티켓 시간을 미리 공유해주면, 예상 도착 시간에 학교 관용차로 선생님과 가족을 맞이하러 와 준다.

- 아순시온은 파라과이의 수도이나 약 50만 명이 안 되는 인구 규모를 갖는다. 빈부 격차가 커서 큰 저택에 사는 사람들과 서민들이 사는 지역이 현저히 구분된다. 맨발로, 자동차가 정차하면 도로에 와서 자동차 유리를 닦고 돈을 버는 아이들이 있는가 하면, 기사가 운전하는 자동차를 타고 사립학교에 다니는 아이들도 있다.

- 현재 한국학교에 다니는 아이들은 이민 3세대가 많고, 한국에서 기반을 잡고 파라과이에서 사업을 하러 오는 경우, 한국에서 살다가 이민 온 가정의 2세대도 간혹 있다.

- 파라과이는 스페인어를 모국어로 사용한다. 포르투갈어를 사용하는 브라질 한국학교가 현재는 운영되지 않기 때문에 남미 파견을 준비하시는 분은 스페인어를 사용하시면 도움이 된다. 파라과이 원래 언어는 과라니어다. 현지 학교에서는 파라과이 역사와 과라니어를 필수 교과로 하고 있기 때문에 한국학교에 재학하는 학생들은 한국어, 스페인어, 과라니어를 구사한다.

- 파라과이는 한국과 정반대에 위치한 나라로, 남미의 타는 듯한 여름을 느

낄 수 있다. 계절은 4계절이라 하나, 나에게는 '서늘한 여름, 그냥 여름, 뜨거운 여름, 겨울' 이런 느낌이었다. 겨울은 7월에 짧게 3~4주 정도 지속된다. 하지만 파라과이의 가옥 구조가 우리나라와 같이 온돌이 아니라서 그런지 실내에서의 스산함이 크게 느껴진다. 우리나라처럼 눈이 내리거나 하는 일은 없지만 파라과이 사람들도 겨울 부츠를 신고 파카도 입는다.

🌐 파라과이 생활에서의 언어와 영사 서비스

· 아순시온에는 한국 영사관이 위치해 있어, 교민과 교직원들이 각종 영사 서비스를 안정적이고 신속하게 지원받을 수 있다. 파라과이는 교육부 파견 교사를 받고 있기 때문에 한국에서 나갈 때 본인을 포함한 가족이 모두 관용여권을 받을 수 있다. 본인은 5년, 동반 가족은 3년 한도의 여권이 발급된다. 도착하면 파라과이에서 사용하는 신분증을 발급받아야 하는데, 영사관에서 크리덴셜(credencial)이라고 하는 신분증을 무료로 발급해 준다. 시민권이 필요한 경우는 세둘라(cedula)를 받아야 하지만, 3년 머무르고 귀국하는 선생님들은 필요 없다.

· 원어민에게 스페인어 과외를 저렴한 가격에 받을 수 있고, 한국인 교포가 운영하는 학원도 있다. 스페인어 공식 시험인 델레(DELE) 전문 과외나 학원도 있다. 한국에서 델레를 응시할 때보다 응시료가 저렴하고 상대적으로 횟수가 많아, 현지에 있는 동안 시험을 보고 자격을 득한 후에 귀국하면 시간적으로나 경제적으로나 유리하다.

· 학교 내에는 한국 출신의 교포들이 행정실에 현지 직원으로 채용되어 근무하는 경우가 있어 주택, 자동차, 보험, 신분증 등의 문제를 해결하는 데 큰

도움을 준다. 청소를 하거나 운전을 하는 직원들은 한국어를 사용하지 못하는 현지인인 경우가 많으나, 파견이나 초빙 근무자보다 오랫동안 일하신 경우가 많다. 현지 사정을 잘 알고 간단한 물건의 수리 등을 뚝딱 해결해 주시기도 하니 좋은 관계는 언제나 도움이 된다.

⊕ 파라과이의 치안

· 남미의 치안에 걱정이 많을 것이다. 나 또한 그랬다. 하지만 위험한 시간과 장소에 노출되는 것을 자제하고 지내면 사고 없이 근무를 마칠 수 있다.

· 시에스타(siesta, 낮잠 시간)가 있는 만큼 밤이 길고, 해가 진 후에 운동을 하는 사람들이 많아 아이의 축구 교실과 남편의 운동 모임은 저녁에 주로 있었다. 축구나 빠들(paddle, 테니스의 변형 버전)을 할 수 있는 운동장을 깐차(cancha)라고 하는데, 주로 주차장을 잘 갖추고 있다. 걷기나 뛰기를 할 수 있는 공원은 무료도 있으나, 유료이거나 신분증을 맡기는 곳을 추천한다. 최근에는 센트로(centro)의 천변(costanera)이 러너들의 사랑을 받고 있어, 탁 트인 곳을 선호하면 시내도 추천한다. 필라테스나 쑴바(zumba), 헬스장 등도 동네나 센트로에 많이 분포되어 있으므로 운동하기에는 부족함이 없다. 테니스, 골프도 레슨과 이용료가 한국보다 저렴한 편이라 파라과이 생활에서 꼭 배워 보길 추천하는 종목이다.

⊕ 파라과이의 의료 서비스

· 도심 곳곳에 약국이 있지만, 한국의 슈퍼마켓에 가깝게 생필품을 판매하는

곳이다. 그곳에서도 조제약을 구입하려면 병원에 가서 처방전을 받아야 한다. 한국 약국에서 판매하는 후시딘, 소화제, 두통약 정도는 한인 슈퍼마켓에서 구매가 가능하다. 하지만 꾸준히 복용해야 하는 약이 있다면 한국에서 비교적 긴 기간 동안 복용할 약을 가지고 출국하는 것을 추천한다. 편도 비행 시간이 30시간이 넘을 정도로 길어 자주 한국에 오고 가기가 어렵기 때문이다.

· 한국학교에서 의료보험을 들 수 있다. 본인뿐만 아니라 동반 가족 보험 또한 가입이 가능하다. 한국에서 든 실비보험이 있는 경우 3년 내로 청구하면 외국에서 낸 병원비도 환급이 가능한 경우가 있으므로, 한국 여행자보험이나 실비가 있는 선생님의 경우는 영수증이나 기타 서류도 잘 챙겨 두자.

· 파라과이 교민들도 큰 수술이 있으면 한국으로 돌아가 의료 서비스를 받는다. 하지만 수도인 아순시온에는 대형 병원이 있고, 곳곳에 정형외과나 안과 등 병원들이 많이 있는 편이어서 간단한 병은 의료비 부담 없이 치료가 가능하다.

⊕ 파라과이의 물가와 주거 여건

| 물가

· 농산물이 저렴하지만 쌀은 구입하기 어려운 편이라 한인 슈퍼에서 일본 쌀을 사 먹었다. 한국 쌀을 파는 매장도 있다. 현지 쌀은 비추천이다. 육지로 둘러싸인 나라라 바다를 접하지 않는 이유로 수산물이 비싼 편이다. 주로 칠레나 브라질, 우루과이에서 수입한다. 제철 과일은 구하기 쉽고 마트에

서 쉽게 살 수 있다.

· 현지 화폐는 과라니인데, 현지 월급을 달러로 받고 그것을 다시 과라니 화폐로 환전하기 때문에 달러와 과라니 환율 관계가 중요하다. 현지에 있을 때에는 달러 강세인 경우 달러를 과라니로 많이 바꿀 수 있어 좋고, 귀국할 때 달러를 모아 둔 선생님은 달러 강세일 때 원화를 많이 받을 수 있어 유리하다.

· 초기에 자동차나 가전·가구 등을 구입하기 위해 목돈이 필요하다. 우리가 파견을 갈 때에는 한국으로 돌아오시는 분이 계시기 때문에 그분들과 먼저 접촉하는 방법이 있다. 필요한 달러만큼 거래 시점의 환율 '사고·팔기' 중간 가격으로 원화를 그분의 통장에 입금하면, 파라과이 도착했을 때 학교 금고에 보관된 달러를 받는 식이다. 약간 두렵기도 한 거래지만, 몇만 달러의 돈을 직접 들고 가는 것도 관세에 걸리기 때문에 많은 선생님들이 사용하는 방법이다.

· 차량을 구입할 때는 새 차의 경우 달러로 가격이 결정된다. 기아(Kia) 자동차 매장이 현지에도 있고, 파라과이에서도 한국 차의 인지도와 인기가 높기 때문에 한국에서 타던 느낌 그대로 차를 이용할 수 있다. 다만 수출용 차량의 옵션은 기본에 가깝다. 파라과이는 비가 오면 배수 시설이 좋지 않아 도로에 물이 빠르게 차오를 때가 있어 많은 사람들이 SUV를 추천한다. 중고차를 구입할 경우 귀국하는 선생님들 차를 알아보는 것도 좋은 방법이다. 아이를 동반한다면 자동차 없이 생활하는 것이 힘들다. 혼자 지내는 분 중에 간혹 3년 동안 차 없이 사시는 분도 봤다. 물론 이동할 때마다 다른 분들의 도움이 있어야 하니, 관계를 잘 유지하는 것이 필수다.

· 한국의 스타필드 같은 규모의 쇼핑몰이 3개 있고, 우리가 알고 있는 스포

츠웨어나 이지웨어 브랜드 매장은 어렵지 않게 이용할 수 있다.

- 파라과이는 남미 여행자들의 '고향' 같은 곳이다. 한인촌에 한인 식당이 열 곳 정도 있고, 종류와 맛이 보장되어 있어 남미 여행 중에 한식이 그리워서 잠시 파라과이에 들르는 여행객이 있을 정도다. 그만큼 주변 남미에서 한식을 먹기 쉽지 않다. 파라과이 아순시온에서 3년간 향수병 없이 잘 지내다 온 것에 아주 큰 공이 한식당이 아닌가 싶을 정도다. 파라과이에 가시는 분은 럭키비키다!

- 한국 식품이나 과자 등을 거의 한국과 유사한 수준으로 살 수 있는 한국 슈퍼가 몇 개 있어서 생활에 어려움은 없다. 라면도 있고, 웬만한 가전까지도 다 살 수 있다. 현지 공산품에 비해 가격이 좀 있지만, 구할 수 없는 고통에 비하면 감사한 수준이다.

- 한국에서 택배를 부쳐줄 수는 있지만, 굉장히 비싸고 오래 걸린다. 기본 생필품은 파라과이에 다 있으니 한국에서 물건을 부탁하는 일은 가능하면 만들지 말자. 찾을 때도 집 앞으로 오지 않고 국제 택배물 집하장에 가야 하고, 돈을 추가로 내야 한다.

주거

- 학교에서 주택 수당이 나오지만 홀로 오신 분들에게도 약간 버거운 수준이다. 안전하고 가드가 있는 아파트나 빌라는 500~600달러 수준의 월세로 살 수 있다. 수영장이나 게스트룸이 갖추어진 1,000~2,000달러 수준의 콘도도 형편에 따라 빌릴 수 있다. 1개월 월세를 선납하고 집을 비울 때 집 상태를 파악하여 파손이 있다면 예치금에서 감액하고 나머지를 돌려준다. 1개월 전에 집을 정리하고 현지 스테이를 하시면서 돌려받으시거나, 귀국

까지 집에 머물러야 한다면 귀국 후에 현지에 계신 교직원이 대신 받아 송금해 주시는 경우도 있다.

· 기본 틀만 갖추어져 있고, 가스레인지나 에어컨 등 가전이나 가구는 사야 하는 경우가 많으니, 귀국하는 선생님들과 사전에 사진을 공유하며 일괄 거래를 하거나 입국하고 나서 천천히 하나씩 장만하는 방법 중 편한 방식으로 진행하면 된다. 가전이 저렴하진 않다. 대부분의 새 제품은 일정 값을 지불하면 설치가 되나, 중고인 경우는 사람을 '사야' 한다.

· 전기 요금이 한국 수준이랑 비슷한 느낌이다. 인터넷을 가정마다 설치하면 와이파이를 사용할 수 있다. 인터넷 속도는 한국만큼 빠르지는 않다. 도시 가스가 설치되어 있지 않아 대부분 스토브를 구입하고 가스통을 사다가 연결하여 쓰거나, 인덕션 제품을 사용해 요리한다. 전자레인지나 밥솥 등은 모두 현지에서 구입이 가능하다.

🌐 파라과이의 항공 및 교통 여건

· 파라과이에 공항은 수도인 아순시온에 하나 있고, 브라질 및 아르헨티나와 국경을 마주한 도시인 델 에스떼에 또 하나 있다. 하지만 국적기는 아순시온 공항으로만 출입하고, 그조차도 우리나라 지방 공항 수준의 규모로 대형기가 착륙하지 않아 한국에서 출발할 때는 페루 리마나 브라질 상파울루 공항에서 경유하여 들어간다.

· 시내버스와 택시가 있긴 하지만 한국 선생님들은 거의 사용하지 않는다. 자가용이나 우버를 이용한다. 자전거를 타고 이동하는 일은 없다.

· 이과수 폭포와 같이 자동차를 운전해서 갈 수 있는 관광지는 2층 버스인

까마(cama)라는 관광버스 시스템이 굉장히 잘되어 있다. 파라과이 근처의 유일무이한 관광지라 할 수 있는 이과수까지는 6~7시간 정도 소요된다. 자가용으로도 갈 수 있고, 나 또한 운전해서 몇 번 다녀왔지만, 몇 가지 도로 교통법이 한국과 다르니 학교 직원들에게 교육받고 가는 것을 추천한다.

⊕ 꼭 챙겨가야 할 필수품

- 아이를 동반하는 경우 한국 문제집을 구하는 것이 쉽지 않다. 학년에 맞는 국어, 수학 문제집 정도는 챙겨 오는 것이 좋다. 전반적인 물가에 비해 책값은 비싸고, 한국어로 된 학습서는 구하기가 어렵다. 외국어를 배워야 한다면 스페인어 관련 서적은 한국에서 구입해 입국하는 것을 추천한다.

- 의료 서비스에서도 말했지만, 복용하는 약이 있다면 장기간 출국 상황을 상의하고 처방전대로 넉넉히 챙겨 가시길 권한다.

- 노트북이나 패드 등은 한국 제품 그대로 사용이 가능하다. 외국에서 전자 제품이 저렴하지 않아, 가져갈 수 있다면 작은 전기 제품은 가져가면 좋다.

중국

김유주 선생님

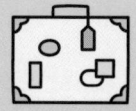

🌐 선양에서 시작된 첫 인연, 첫 제자들

2019년 3월, 나는 2학년 행복반 아이들을 처음 만났다. 중국이라는 낯선 땅에서 만난 아이들이었지만, 교직을 처음 시작했을 때의 첫 제자들을 만나는 것처럼 설레었다. '처음'이라는 것은 언제나 설레면서도 한편으로는 두려움을 동반한다. 그러나 생각과 달리 아이들은 너무나 온순하고 착했고, 금세 사랑스러움으로 다가왔다.

선양의 학부모님들은 선생님을 존중할 줄 알았고, 교사에 대한 믿음 또한 깊어 보였다. 그 믿음이 부담스럽기보다는 신뢰에서 비롯된 든든한 격려로 다가와 아이들에 대한 책임감이 더욱 커졌다. 함께 할로윈데이와 축제에 참여하고, 다양한 활동 속에서 늘 즐겁게 수업에 임해 주는 아이들은 언제나 내게 큰 힘이 되었다.

그러던 중 2019년 12월 말, 코로나19가 갑작스럽게 확산되기 시작했다. 방학동안 한국에 나갔던 아이들 중 일부는 돌아오지 못하기도 했고, 우리 반 학생도 1명은 끝내 선양으로 돌아오지 못했다. 그럼에도 행복반 아이들은 대부분 그대로 3학년 샛별반으로 진급해 또 한 해를 함께할 수 있었는데, 그 사실은 내게 무엇보다 큰 선물이었다.

코로나로 인해 모두 마스크를 쓰고, 급식과 수업도 투명 가림판 사이에서 진행해야 했다. 하지만 코로나가 더 확산되면서 우리는 원격으로 모든 수업이 전환되어 줌(Zoom)에서 만나게 되었다. 그 시기 나는 원격수업에 대해 깊이 탐구하게 되었다. 마피아 게임, 만들기, 음악, 체조 등 다양한 활동을 온라인에서 시도했고, 학부모 참여 수업에서는 소회의실을 활용해 아이들과 부모님이 함께 깊이 대화할 수 있는 시간을 마련했다. "위기는 곧 기회"라는 말처럼, 코로나는 수업의 공간을 대면에서 비대면까지 확장시켜 주었다.

대면과 비대면이 반복된 3학년의 시간은 힘들기도 했지만 새로운 배움의 연속이었다. 특히, 원격이라는 낯선 환경에서의 수업은 아이들과의 관계를 더욱 단단하게 만들었고, 물리적 거리를 넘어 마음으로 더 가까워질 수 있는 계기가 되었다. 오히려 원격으로 더 자주 소통하며 친밀감을 쌓을 수 있었던 점도 있었다.

돌이켜 보면 처음 선양 생활에 빠르게 적응할 수 있었던 데에는 동료 교사들의 도움도 있었지만, 무엇보다 첫해 학부모님들의 세심한 배려가 큰 힘이 되었다. 학용품 이름조차 알지 못할 때 사진을 보여드리면 바로 알려주셨고, 생활 전반에서도 아낌없이 도움을 주셔서 낯선 환경에서의 적응기를 짧게 단축시킬 수 있었다.

선양에서의 첫 제자들과 학부모님은 내게 가장 든든한 버팀목이자, 교직 생활의 또 다른 출발점이었다. 이들은 낯선 땅에서 나를 지켜 준 든든한 등불이었고, 지금도 내 교직의 길에서 따뜻하고 변함없는 힘이 되고 있다.

🌐 성장의 빛을 품은 두 번째 제자들

2021년, 코로나의 기세는 좀처럼 꺾이지 않았다. 그해 나는 생전 처음으로 1학년 담임을 맡았고, 동시에 중학교 2학년 정보와 고등학교 3학년 생활과 과학까지 담당하게 되었다. 무거운 책임감이 어깨에 내려앉았지만, 다행히 큰딸의 초등학교 1학년 시절을 이미 함께 겪은 덕분에 한글 지도와 수업 준비는 낯설지 않았다. 오히려 그 경험 덕분에 아이들의 발달 단계를 더 섬세하게 바라볼 수 있었고, 학부모님의 마음에도 깊이 공감할 수 있었다. 예전에는 이해하지 못했던 1

학년 학부모의 걱정이, 내 아이가 1학년이 되던 순간부터는 너무도 당연한 마음으로 다가왔다.

1학년 사랑반 아이들과의 첫 만남은 지금도 눈에 선하다. 작은 병아리 같은 아이들이 졸졸 따라 들어오는데, 그 순간 '어머나, 귀여워라'라는 감탄이 절로 흘러나왔다. 20명이 넘는 학급이 아닌, 8~9명 남짓의 소규모 학급이었기에 아이 한 명, 한 명에게 온전히 마음을 쏟을 수 있었다. 그 환경은 내가 지치지 않고 다양한 활동을 시도할 수 있는 원동력이 되어 주었다.

선양 생활도 어느덧 2년이 지나, 이제는 작은 일에도 쩔쩔매던 초창기와 달리 중국 생활에 제법 익숙해졌다. 수업 준비도 한층 넓어졌다. 여러 자료를 찾아보고 다양한 아이디어를 적용하면서, 첫 제자들에게는 생활 적응 탓에 해주지 못했던 활동들을 두 번째 제자들과는 더 풍성하게 나눌 수 있었다. 마음이 안정되니 아이들과 함께 대회에도 나가 장기자랑에서 상을 타고, 과자집 만들기와 오카리나 연주, 변형 게임까지 즐기며 걱정으로 시작했던 1학년 담임은 어느새 내 교직 인생에서 가장 즐거운 순간으로 변해 있었다.

그러나 코로나는 다시 확산되었고, 우리는 또다시 원격수업으로 전환해야 했다. 매일 핵산검사(코로나 검사)를 받아 결과를 단톡방에 올리는 생활이 이어졌다. 하지만 전년도 경험이 있기에 아이들도 나도 금세 적응했고, 원격수업이지만 집중력 있게 이어갈 수 있었다. 잠시나마 코로나가 약해졌을 때는 대면수업으로 학교에서 만나 집중적으로 아이들과 활발한 활동을 이어 갔다.

그렇게 마지막 한 해를 정리하고 한국으로 돌아가려던 순간, 뜻밖의 기회가 찾아왔다. 코로나로 교사 충원이 어려워지자 학부모님들의 요청이 교육부에 받아들여져, 현 파견교사들을 1년 연장 선택을 할 수 있게 된 것이다. 이미 정이 깊어 쉽게 떠나지 못했던 선양에서 나는 다시 한번 머무르기로 결정했다.

사랑반 아이들은 나와 함께 2학년 행복반으로 올라갔다. 서로의 눈빛만 보아도 마음을 알 수 있는 아이들과 함께하는 시간은 그야말로 호흡이 척척 맞았다. 지난 3년의 경험 위에 마지막 1년은 수업 활동 재구성의 절정이었다. 더 깊이 고민하고 새롭게 시도하며, 아이들이 성장해 가는 모습을 지켜보는 기쁨은 말로 다 할 수 없었다.

돌아보면, 첫 제자들은 '선양에서의 시작'이라는 점에서 내게 소중했고, 두 번째 제자들은 '처음 맡은 1학년'이라는 점에서 특별했다. 두 번의 '처음'은 모두 내게 잊지 못할 의미로 남아 있다. 한국에 있는 제자들에게는 미안하지만, 선양의 아이들을 떠올리면 지금도 가슴 한켠이 뭉클하다. 마치 자식들을 멀리 두고 온 듯한 그리움이 밀려온다.

우리 아이들이 어디에 있든, 어떤 길을 걷든, 교실에서 함께 웃고 배우던 순간처럼 서로를 존중하며 따뜻한 마음을 지닌 사람으로 자라나기를 나는 여전히 기도한다. 그것이 내가 두 번의 '처음'을 선물해 준 제자들에게 품는 가장 큰 희망이다.

🌐 선양에서 스마트 정보·과학을 실현하다

국제학교에서 소프트웨어 교육과 로봇 활용 교육을 통해 학생들에게 다양한 체험과 넓은 사고의 기회를 주고 싶었다. 그래서 햄스터 로봇과 뚜루뚜루 로봇을 사비로 직접 구입해 가져갔다. 단순한 교과 수업을 넘어, 아이들이 로봇을 직접 다루며 정보과학의 즐거움을 온몸으로 느끼기를 바랐다.

나는 로봇을 활용한 방과후학교 활동, 스마트 과학 부스와 창의융합 체험 부스를 운영했다. 뚜루뚜루와 햄스터 로봇의 센서를 활용해 다양한 프로그램을 구상했는데, 센서의 기울기로 펀치킹 게임을 구현하고, 메이키메이키(Makey Makey)로 DDR을 체험하거나 피아노를 연주할 수 있도록 했다. 또 두 로봇을 활용한 축구 시합, 화재 발생 시 탈출 로봇 체험 활동 등을 통해 학생들이 논리적 사고와 문제 해결력을 기를 수 있도록 노력했다.

초등 담임교사로서 수업을 맡으면서도, 동시에 중학교 2학년 정보 과목과 고등학교 3학년 생활과 과학을 지도했다. 학년과 과목의 경계를 넘나들며, 학생들이 다양한 과학·정보 체험을 경험힐 수 있도록 애썼다.

내가 쏟아 부은 이 작은 시도가 학생들의 컴퓨팅 사고력 신장에 얼마나 영향을 주었는지는 확언할 수 없다. 그러나 분명한 것은, 아이들 마음속에 "정보와 과학은 즐겁고 창의적인 세계"라는 인상을 남겼으리라는 것이다. 그리고 그 사실 하나만으로도 내 노력이 충분히 의미 있지 않았을까, 조용히 되새겨 본다.

🌐 선양에서 한글 마중물 교육을 실시하다

선양에서 나는 1~3학년 다문화학생들을 대상으로 한글 지도를 시작했다. 처음에는 한국 아이들을 가르치듯 하면 될 거라 생각했지만, 곧 전혀 다르다는 것을 깨달았다. 한국 아이들은 이미 언어적으로 풍부한 표현을 구사할 수 있기에 글자만 익히면 되었지만, 다문화 아이들은 발음부터 쉽지 않았다. 자음과 모음의 1대 1 음가를 아는 것조차 낯설었고, 특히 중국어 발음의 영향 탓에 어떤 소리는 교정이 잘 되지 않았다. 아무리 연습을 시켜도 '우'로만 발음하는 모습에서 언어의 차이가 아이들에게 얼마나 큰 벽인지 실감할 수 있었다.

그래서 나는 매일 위챗을 통해 음성 숙제를 내주었다. 아이들이 녹음을 보내오면, 내가 직접 고쳐 다시 녹음해 돌려주었다. 그러면 아이들은 다시 연습해 보내고, 나는 또 고쳐주는 과정을 반복했다. 1학년 우리 반의 두 남자아이는 방학에도, 주말을 제외하고는 매일같이 한글을 연습하며 음성을 보내왔다. 그렇게 2년을 꾸준히 이어가자 발음은 눈에 띄게 교정되었고, 문장을 이어 말하는 능력도 몰라보게 향상되었다.

그 경험은 나를 한국어 교육이라는 새로운 길로 이끌었다. 한국으로 돌아온 뒤, 제2외국어로서의 한국어에 더욱 관심을 갖게 되었고, 학점인정제를 통해 사이버대학 수업을 이수하여 한국어교원 2급 자격증까지 취득했다. 돌아보면 당시에는 힘들기도 했지만, 모든 경험은 결국 내게 도움이 되었다. 설령 그 순간에는 버겁게 느껴졌을지라도, 지나고 보니 모든 경험은 내 삶에 작은 흔적이자 값진 자산이 되었다.

선양의 겨울은 참으로 추웠다. 아파트에 누안치(라디에이터)가 있었지만, 늘 보일러를 빵빵하게 틀어 놓고 살던 나에게는 버티기 힘들 만큼의 추위였다. 다행히 전기장판을 가져온 다른 선생님이 빌려 주셔서 그나마 견딜 수 있었고, 이후 서탑에 가서 한국 전기장판 두 개를 마련했다. 중국 전기장판은 고온에서 차단되는 안전장치가 없어 화재 위험이 있다고 해서, 한국보다 훨씬 비싼 값을 치르고서라도 한국 제품을 구입했다. 비싸긴 했지만 따뜻함이 주는 위안은 값으로 환산할 수 없을 만큼 소중했다.

서탑에는 한국 물건을 파는 곳이 많아 아이들 약도 사고, 각종 생활용품도 마련할 수 있었다. 국제택배로 부친 짐이 한 달이 지나서야 도착했기 때문에 당장 필요한 물건들은 그곳에서 구입해야 했다. 전기세와 수도세는 의외로 저렴해 아무리 써도 요금이 크게 나오지 않았다. 하지만 아파트마다 단수 문제가 달라서, 내가 살던 곳은 단수가 자주 되곤 했다. 처음으로 백산수 페트병으로 머리를 감던 날, 마치 한국의 섬 지역에서 근무하는 선생님들의 경험을 중국에서 직접 체험하는 듯했다. 중국에서 아파트를 고를 때는 단수 상황을 반드시 확인해야 한다. 그렇지 않으면 페트병으로 샤워하고 머리를 감는 생활이 일상이 될 수 있기 때문이다.

물가 중 특히 인상 깊었던 건 과일과 고기였다. 값이 워낙 싸서 마음껏 먹을 수 있었고, 특히 소고기는 한국보다 훨씬 저렴해 원 없이 먹을 수 있었다. 아이들은 첫해에는 중국 음식이 입에 맞지 않아 한국 음식을 주문해 먹었지만, 1년이 지나자 중국인보다 더 잘 먹을 정도로 중국 음식에 익숙해졌다. 그 또한 다행스러운 일이었다.

아이들이 어렸기에 도와줄 이모님이 필요했다. 조선족 돌봄 이모님은 매일 와서 청소와 저녁 준비를 해주셨는데, 비용은 한 달에 한국 돈으로 약 60만 원 정도였다. 중국인 돌봄 이모님은 절반 수준인 30만 원 정도였지만, 처음에는 아이들이 중국어를 전혀 몰라 조선족 이모님을 선택했다. 한국 음식과 중국 음식을 모두 잘 만들어 주셨고, 한국어와 중국어 모두 가능하셨기에 아이들의 음식 적응과 언어 습득에도 큰 도움이 되었다. 지금 생각해 보면, 아이들이 자연스럽게 중국 생활에 스며들 수 있었던 건 이모님의 역할이 컸던 것 같다.

1년 뒤 우리는 서탑가로 이사했다. 한국 물품과 식재료, 음식을 쉽게 구할 수 있어 생활은 훨씬 편리해졌다. 다만 오래된 아파트가 많고 국제학교에서는 거리가 조금 멀었지만, 편리함 덕분에 그곳에서 3년을 지냈다.

아랫집이 주인집이었는데, 아이들이 뛰어다녀도 너그럽게 이해해 주셨다. 한국에서 1층 아파트에 살던 아이들이라 시끄럽게 했을 텐데, 늘 배려해 주신 것이 얼마나 감사했던지 모른다. 집안의 고장도 금방 고쳐 주셔서 큰 불편 없이 지낼 수 있었다.

그렇게 낯선 땅에서의 생활은 크고 작은 도움 속에서 이어졌고, 나는 그 속에서 따뜻한 인간적 온기를 배울 수 있었다.

⊕ 선양시 간단 소개

· 선양은 인천국제공항에서 항공편으로 약 한 시간가량이면 도착할 수 있는 가까운 거리에 위치한다.

· 한국과 기후와 식생이 유사하여 자연환경과 문화가 낯설지 않으며, 여름은 서울보다 선선하고 겨울은 예전보다 온화해져 생활하기에 적합하다.

- 중국 동북 3성을 대표하는 중심 도시로, 인구 규모는 서울과 비슷하나 면적은 더 넓다.
- 도시 전체가 평지여서 자전거 이용에 알맞은 교통 환경을 제공하고, 다른 대도시에 비해 생활비가 저렴하여 네 가족이 주택수당으로 가전·가구가 갖춰진 아파트를 임대해 생활하기 충분하다.
- 청나라 초기 수도로 사용되었던 도시답게 심양고궁 등 전통적 유적이 남아 있고, 장군총·광개토대왕비·오녀산성괴 같은 고구려 문화의 흔적도 찾을 수 있다.
- 신흥무관학교 등 독립운동 관련 사적지가 있어 역사·지리적 의의가 크며, 전통과 현대가 공존하는 도시적 특성을 보여준다.
- 한국인과 조선족이 밀집한 '서탑 거리'에서는 한국어 사용이 가능하고, 의료·식료품 등 생활 편의 서비스를 쉽게 접할 수 있다.

🌐 선양 생활에서의 언어와 영사 서비스

- 선양에는 한국 총영사관이 위치해 있어, 교민과 교직원들이 각종 영사 서비스를 안정적이고 신속하게 지원받을 수 있다.
- 지역에서는 원어민에게서 개인 과외를 받을 수 있는 기회가 열려 있으며, 다른 대도시에 비해 비용도 합리적인 편이다.
- 학교 내에는 한국어와 중국어에 모두 능통한 교직원이 다수 근무하고 있어, 교사들이 현지 생활에 적응하는 과정에서 실질적인 도움을 받을 수 있다.
- 더불어 교직원들이 자발적으로 참여하는 중국어 학습 모임이 운영되어, 자연스럽게 언어 능력을 기를 수 있는 환경이 마련되어 있다.

⊕ 선양의 치안과 의료 서비스

| 치안

· 선양은 CCTV가 도심 전역에 설치되어 있고 공안의 순찰도 잦아, 비교적 안전한 치안 환경을 갖추고 있다.

· 여러 민족이 함께 생활하는 도시지만 갈등은 드물며, 야간에도 모임이나 동호회 활동이 활발할 정도로 안정적인 사회 분위기를 유지한다.

| 의료 서비스

· 도심 곳곳에 약국이 밀집해 있어 항생제를 비롯한 다양한 의약품을 쉽게 구할 수 있으며, 일부 한국 마트에서는 한국산 의약품도 판매되고 있다.

· 학교와 협력 관계를 맺은 안과 전문 병원이 마련되어 있고, 외국인 전용 코디네이터가 배치된 대형 종합병원도 운영되고 있어 의료 접근성이 뛰어나다.

⊕ 선양의 물가와 주거 여건

| 물가

· 선양에서는 현지에서 재배·생산되는 농산물과 수산물이 품질이 우수하면서도 가격이 합리적이다. 여름철에는 수박을 저렴하게 구입할 수 있어 일상적인 소비가 가능하다.

· 외식 비용도 부담이 적어, 인민폐 50~150위안(약 1만~3만 원) 정도면 두 사람이 고기구이 식당에서 식사를 즐길 수 있다.

- 음식 배달비는 가까운 거리 기준으로 약 3 ~ 6위안 (약 600원~1200원) 수준에 불과해, 다양한 배달 서비스를 저렴하게 이용할 수 있다.

| 주거

- 학교에서 지원하는 주택수당만으로도 본교 주변 한국인 밀집 아파트 단지를 임대할 수 있어 가족 단위 생활에 적합하다.
- 실제로 중국의 다른 지역에서 근무했던 교직원들은 선양의 주거 여건이 이전 지역보다 쾌적하다며 높은 만족감을 표하기도 했다.
- 선양의 아파트는 가전제품과 생활용품이 기본적으로 갖춰진 상태로 임대되며, 관리비는 집주인이 부담해 세입자가 추가로 낼 필요가 없다.
- 겨울철에는 시에서 중앙공급 방식으로 난방을 제공하고, 전기 · 수도 · 가스 요금도 한국보다 저렴하여 생활비 부담이 적다.
- 단지 내부에는 정원과 각종 편의시설이 잘 조성되어 있어 교직원과 가족이 안전하고 쾌적하게 생활할 수 있다.

⊕ 선양의 항공 및 교통 여건

- 선양은 도시 전체가 평지라 자전거를 활용하기 좋고, 공유 자전거 문화가 보편화되어 있어 이동이 편리하다.
- 지하철(현재 운행 중 및 예정 포함 10개 이상 노선)과 트램이 도심 곳곳을 연결하고 있어 대중교통 접근성이 높다.
- 버스는 2위안 이내, 택시는 기본요금 10위안으로 저렴하게 이용할 수 있으며, 공항에서 시내 중심까지도 50위안 이하로 이동 가능하다.

- 고속철도가 정차하는 역이 여러 곳에 위치해 있어 주요 도시와 연결성이 좋고, 특히 북경까지는 약 3시간 이내에 도착할 수 있다.
- 항공편도 풍부해 인천행 국적기가 매일 3편 이상 운항되며, 중국 항공사를 포함하면 선양-부산, 선양-제주 등 다양한 국내외 노선이 오전과 오후 시간대별로 고르게 배치되어 있다.

🌐 교직원으로서 편리하게 활용할 수 있는 것

- 선양은 중국 동북 지역의 거점 대도시로서 항공과 철도 교통망이 잘 발달해 있어, 중국 내 주요 도시와 동남아 여러 지역으로 이동하기 편리하다.
- 도심은 서울과 비교해도 큰 차이를 느끼기 어려울 정도로 현대적인 모습을 갖추고 있으며, 사회 · 문화적 인프라도 안정적으로 구축되어 있다.
- 곳곳에 대형 쇼핑몰이 자리하고 있는데, 이들은 단순한 상업 공간을 넘어 복합문화공간으로서 기능을 한다. 또한 주요 건물마다 스타벅스가 입점해 있어 한국과 다름없는 커피 문화를 즐길 수 있다.
- 선양의 기후는 전반적으로 서울과 유사하며, 여름은 조금 더 쾌적하고 겨울은 다소 길다는 특징이 있다.
- 현지 동북요리는 한국에서 접하는 중국요리와 비슷하고, 가격은 훨씬 저렴하다. 한국인이 많이 찾는 서탑 거리 주변에는 한식당과 미용실 등이 다양하게 운영되고 있다.
- 슈퍼마켓이나 전문 판매점을 통해 한국 식료품을 쉽게 구입할 수 있으며, 온라인에서도 한국산 식품과 공산품을 간편하게 주문할 수 있다.
- 인터넷을 기반으로 한국 방송을 실시간으로 시청할 수 있고, 휴대전화 개

통이나 유심 교체도 저렴한 비용으로 가능하다.

· 학교 안팎의 생활 여건도 안정적이다. 교직원 동아리를 통해 다양한 문화 체험이 가능하며, 현지 주민들도 한국인에게 우호적인 분위기를 보여준다.

· 교육 현장에서는 교사들이 학생 지도에 전념할 수 있는 환경이 마련되어 있다.

· 생활비를 단순한 금액이 아니라 실질적인 소비력을 기준으로 본다면, 선양은 다른 도시보다 훨씬 높은 만족도를 제공하며, 실제 생활 여건도 쾌적하다는 평가가 많다.

꼭 챙겨가야 할 필수품

· 선양에서도 한국 물품은 구할 수 있으나 가격이 한국보다 1.5~2배 비싼 편이다. 일부는 해외 배송을 통해 들여오거나, 한국인이 운영하는 전문 매장과 슈퍼에서 구매할 수 있다. 지역을 꼼꼼히 돌아보면 의류 등 괜찮은 물건을 발견할 수도 있다.

의류 및 서적

· 봄과 가을이 짧아 사계절 옷을 모두 준비하는 것이 좋다.

· 자녀 학년에 맞는 참고서 · 문제집, 중국어 교재, 사전 등 필요한 도서를 미리 챙기는 것이 유리하다.

문구류 및 교구

· 현지 문구류는 품질이 다소 떨어지므로 공책, 알림장, 연필, 풀, 색종이 등은 한국에서 준비하는 것이 좋다. 특히 스테이플러와 심은 한국 제품이 훨

훨씬 우수하다.

- 음악 · 미술 · 체육 수업에 필요한 리코더, 리듬악기 세트, 단소, 수채화 도구, 줄넘기 등은 필수로 가져가야 한다.

| 주방·가전·생활용품

- 부엌 도구는 현지 제품이 품질이 낮고 가격이 높아, 전기밥솥, 냄비, 주전자, 칼, 도마, 컵, 수저세트, 커피포트 등을 한국에서 가져가는 것이 좋다. 특히 락앤락 같은 플라스틱 용기는 현지에서 매우 비싸므로 꼭 챙기길 권한다.
- 집을 임대하면 보통 냉장고, 세탁기, 에어컨, 전자레인지, TV 정도는 기본 옵션으로 포함된다. 다만 중국 냉장고는 크기가 작아(냉동실 약 45리터, 냉장실 120리터대) 사용에 불편할 수 있다.
- 기후와 공기를 고려하면 가습기, 전기난방기, 공기청정기는 필수품이다. 중국에서도 구매 가능하다.

| 침구류

- 이불, 전기요, 침대보, 베개 등은 한국에서 준비하는 것이 편리하다. 세탁기가 작아 두꺼운 이불 세탁이 어렵기 때문에 얇은 이불이 적합하다. 필요 시 현지 이케아 등에서 새로 구입할 수도 있다.

| 의약품

- 중국 의약품은 한방 맛이 강해 아이들이 복용하기 어려울 수 있다. 따라서 감기약, 해열제, 소화제, 안약, 파스 등 기본 상비약은 6개월~1년치 준비하

는 것이 좋다.

· 지병이 있거나 장기간 복용이 필요한 약은 출국 전에 한국 병원에서 충분히 처방받아 오는 것이 안전하다.

| 식품류

· 김, 된장, 고추장, 고춧가루, 멸치, 참기름 등은 현지에서도 구할 수 있지만 비싸고 품질이 떨어지는 경우가 많다. 다만 한국인이 운영하는 반찬가게가 있어 한국 음식을 접하기 어렵지는 않다.

⊕ 선양에서 집 구할 때 고려 사항

| 가족 규모에 맞는 공간

· 방 개수와 화장실 수를 미리 정해두고, 집을 볼 때 이를 기준으로 요청한다.

| 위치와 통학 편의성

· 학교와의 거리, 자녀의 통학 방법(도보, 택시, 스쿨버스 등)을 미리 고려해 거주 지역의 범위와 우선순위를 정한다.

| 냉난방 및 온수 시설

· 라디에이터(누안치) 용량과 성능, 전기보일러나 온수기 설치 여부를 확인하고, 가족 수에 맞는 온수 사용이 가능한지 반드시 점검한다. 에어컨은 냉·난방 겸용이므로 작동 상태를 꼼꼼히 확인한다.

집 구조와 채광

- 최소한 방 1개와 거실 1개는 남향이 바람직하다. 동향이나 북향의 집은 피하는 것이 좋다. 또한 조명이 화려하기만 하고 실용성이 떨어지는 경우가 많으므로 점검이 필요하다.

수도·배수 상태

- 싱크대와 욕실의 배수 상태가 불량한 경우 벌레나 악취가 발생할 수 있으므로 주의 깊게 살펴본다.

가구와 가전 비치 여부

- 부족한 부분은 임대 시 협의 가능하다.
- 가구: 소파, 식탁 · 의자, 침대, 책상 · 의자, 책장, 화장대 등
- 가전: TV, DVD, 전자레인지, 냉장고, 세탁기, 전화기, 에어컨(각 방마다 반드시 필요)

집주인 태도

- 문제 발생 시 대처 능력과 협조적 태도를 갖춘 집주인인지 확인한다.

첫날 준비 사항

- 휴대전화를 먼저 개통해 여러 부동산과 빠르게 연락할 수 있도록 한다. 기기만 있으면 등록 후 요금 납부로 바로 사용 가능하다. 현지 교사나 중개인과 함께 집을 보며, 확인한 사항은 꼼꼼히 기록해 두는 것이 좋다.

계약 시 유의점

· 수도, 전기, 가스 요금은 인수일까지 완납 여부와 계량기 수치를 반드시 확인하고 이후는 본인 부담.

· 전화 · 인터넷 요금은 이전 사용분이 정산되었는지 확인하고, 이후는 본인 부담.

· 유선방송은 설치비는 집주인이, 사용료는 세입자가 부담하는 경우가 많다.

· 관리비와 난방비(누안치)는 아파트별로 부담 방식이 다르므로 계약 시 집값에 포함시키는 것이 안전하다.

베트남 초빙

송인화 선생님

🌐 함께 배우고, 함께 웃고, 함께 성장하다

나는 하노이한국국제학교에 큰 기대감을 안고 왔다. 입시에서 벗어난 삶을 위한 교육과정, 최신식 교육 기자재, 교직원 간의 수평적이고 개방적인 소통 문화를 꿈꾸며 왔지만, 막상 현실은 내 기대와 달랐다. 학급당 36명의 학생이 있는 교실, 한국과 크게 다르지 않은 교육과정, 대학 진학을 위해 사교육을 받는 학생들, 그리고 한국의 국공립학교보다 더 수직적인 교직 문화 속에서 나의 기대감은 무참히 무너졌다.

2019년 첫 학기는 정말 고민이 많았다. '내가 왜 여기서 이렇게 고생하고 있을까?'라는 의문이 들었다. 상상했던 국제학교의 모습은 찾아볼 수 없었고, 내가 여기서 할 수 있는 일도 많지 않아 보였다. 기대가 컸던 만큼 실망도 컸고, 2년 동안 그저 내 할 일만 하다가 한국으로 돌아가야겠다는 생각까지 들었다.

하지만 시간이 흐르면서 하노이한국국제학교의 숨겨진 매력을 점차 발견하게 되었다. 그 매력은 바로 동료 선생님들이었다. 한국에서도 멋진 선생님들을 많이 만났지만, 하노이에서는 전국 곳곳에서 모인, 각자 다른 색을 가진 선생님들을 한자리에서 만날 수 있었다. 팔색조처럼 다양한 매력과 개성을 지닌 분들이었고, 자신만의 교육철학과 교수법을 가지고 있으면서도 수업에 대한 열정이 넘쳤다. 그들은 뛰어난 능력을 갖추고 있었지만, 그 능력을 뽐내기보다 기꺼이 나누었고, 새로운 업무나 행사를 놀이하듯 즐겼으며, 동료가 어려움에 처하면 먼저 손을 내밀어 도와주는 분들이었다. 이런 선생님들과 함께 근무하는 것 자체가 나에게는 큰 행운이었다. 학교에서 동료 선생님들과 대화를 나누고 하루하루를 함께 보내는 일이 나에게는 즐거움이자 배움이었다.

하노이한국국제학교에서는 방과후 시간과 주말도 알차게 보낼 수 있었다. 선생님들의 재능 기부로 교직원 동아리가 활발히 운영되었기 때문이다. 나는 월요일 방과후에는 수다(수영 & 다이빙) 동아리에, 화·목요일에는 배드민턴 동아리에, 수요일에는 배구 동아리에 참여했다. 주말에는 선생님들과 함께 하노이 문화 탐방을 하거나, 근교로 드라이브를 나가며 휴식을 즐겼다. 해외 생활의 외로움을 느낄 틈도 없을 만큼 매 순간이 새로운 배움과 경험으로 가득한 시간이었다.

하노이한국국제학교에서 근무한 경험은 동료 교사와의 관계에 대해 다시 생각하게 만드는 계기가 되었다. 동료 교사는 단순히 함께 일하는 사람이 아니라, 서로의 성장을 응원하고 지지하는 멘토이자, 삶을 비추어주는 인생의 동반자가 될 수 있다는 것을 깨달았다. 지금도 하노이에서 인연을 맺은 선생님들과 전국 단위 수업·교과 연구회를 통해 교육에 대한 고민을 나누고, 서로의 삶에 대해 이야기하며 소중한 인연을 이어가고 있다.

🌐 나눔으로 하나 된 학교 공동체

하노이한국국제학교에 근무하면서 나는 '나눔'을 깊이 경험할 수 있었다. 선생님들께서는 자신이 가진 정보와 경험을 흔쾌히 나누어 주셨다. 예를 들어 과일을 사고 싶다고 하면 학교 앞 과일 시장에 기꺼이 동행하여 저렴하고 맛있는 과일을 고르는 방법을 알려 주셨다. 여행을 가고 싶다고 하면 선생님들께서 자신이 다녀온 경험을 공유해 주셨고, 때로는 함께 여행을 다녀오기도 했다. 하노이 맛집, 카페, 미용실 등 일상생활에 필요한 현지 정보는 물론이고, 학교생활에 필요한 정보도 아낌없이 공유해 주셨다. 코로나 시기에는 온라인 수업을 원활히 진행하기 위해 무료 연수를 열어 함께 성장할 수 있는 환경을 만들어 주셨다.

선생님들의 나눔에 감동받아, 나 또한 하노이한국국제학교에서 나눔을 실천하고 싶다는 마음이 들었다. 그래서 '스트레스 팡팡 배구 동아리'를 개설하고, 매주 수요일 방과후 시간에 선생님들에게 배구를 가르쳐 드렸다. 처음에는 선생님들을 대상으로 배구 수업을 하는 것이 부담스러웠고, 학교 일과가 끝난 후에도 남아서 참여할 선생님이 있을지 걱정되었다. 그러나 막상 동아리를 시작하자 매주 약 15명 정도의 선생님들이 배구 동아리 활동에 참여해 주셨고, 즐겁게 서로 손뼉을 마주치며 배구를 했다.

배구 동아리 활동의 가장 큰 장점은 교직원 간 화합을 이룬 것이었다. 하노이한국국제학교는 초등과 중등이 같은 학교 내에 있지만 교무실이 분리되어 있고, 초·중등 간 교사 교류도 활발하지 않아 교육과정 연계와 행정 업무의 일관성이 부족한 상황이었다. 하지만 배구를 하면서 초등과 중등 선생님들이 서로 손벽을 부딪히며 조금씩 서로를 이해하기 시작했다. 이 덕분에 자연스럽게 교육과정과 행정업무의 연계가 이루어졌다.

하노이한국국제학교에서의 '나눔'은 학교 공동체를 더욱 단단하게 연결해 주는 고리이자, 그 나눔을 바탕으로 우리가 함께 성장할 수 있었던 소중한 경험이었다. 하노이한국국제학교에서의 이러한 경험을 통해 나는 지금도 좋은 정보나 수업 방법을 발견하면 언제든 다른 선생님들과 공유하며, 함께 배우고 성장하는 문화를 만들어 가고 있다.

⊕ 소통의 장을 열다

2020년 10월 어느 날, 선생님 네 분과 함께 코코넛 커피를 마시며 학교에 대한 고민을 나누었다. 당시 하노이한국국제학교는 교직원 간 소통 부재로 어려움을 겪고 있었는데 우리는 이 문제를 해결하기 위해, 누구나 자신의 의견을 내고 누구나 그 의견을 듣고 이어갈 수 있는 소식지를 만들어 보자고 의견을 모았다.

이렇게 해서 2주에 한 번, 선생님들의 의견을 모아 소식지를 제작하여 전달하기로 결정했다. 소식지의 이름은 "아!고뭬?(이하 아고뭬)"로 지었다. '아고뭬'는 고대 아고라처럼, 누구나 의견을 제시하되 다른 의견을 비판하기보다는 인정하고, 서로의 이야기에 공감하는 소식지라는 의미를 담고 있다. 우리는 관리자와 선생님들께 아고뭬의 취지와 우리의 의도를 설명했다. 다행히 관리자와 많은 선생님들이 응원과 지지를 보내 주었고, 덕분에 '아고뭬'는 세상 밖으로 나올 수 있었다.

그러나 글로 자신의 생각을 표현하는 일은 생각보다 쉽지 않았다. 글은 작성자의 의도와 다르게 해석될 수 있어, 한 단어, 한 문장도 신중히 선택해야 했다. 우리는 1차 회의에서 주제를 정하고 각자 글을 작성한 뒤, 2차 회의에서 글을 수정했다. 수정된 글은 관련 선생님의 검토를 거쳐 전체 교사에게 공유되었다. 아고뭬 회원들뿐만 아니라 외부 선생님들도 종종 기고해 주었는데, 외부 선생님들의 글은 오탈자만 교정한 후 그대로 공유했다.

첫 아고뭬 소식지가 발간된 뒤 다양한 반응이 나타났다. 응원과 지지를 보내주시는 분도 있었고, 교직원 간 갈등을 우려하는 분도 있었다. 나는 모든 반응이 긍정적으로 느껴졌다. 소통 과정에서는 공감과 지지가 생기기도 하지만, 때로는 갈등이 불가피할 때도 있기 때문이다.

2년간 아고뭬 소식지를 발간하며, 하노이한국국제학교 공동체에는 작은 변화가 생겼다. 선생님들은 일상과 고민을 기고하고, 하노이 생활에 유용한 정보를 공유했다. 소식지가 전달된 날에는 교내에서 열띤 토론이 벌어지거나, 해당 글에

댓글을 남기며 서로 의견을 나누기도 했다. 아고뤠는 답답했던 마음을 털어놓고 위로와 공감을 받을 수 있는 장이 되었으며, 학교 문제를 함께 고민하도록 화두를 던지는 장이 되었다.

나는 아고뤠 소식지를 발간하며 다양한 선생님들의 색다른 이야기를 들을 수 있었고, 학교의 단편적인 모습뿐 아니라 여러 관점에서 생각해 볼 수 있는 입체적인 시각을 갖게 되었다. 이 경험은 한국으로 돌아온 지금도 내가 살아가는 데 큰 자산이 되고 있다. 현재도 아고뤠 소식지를 함께 발간했던 선생님들과 매주 온라인에서 만나 현실적인 교육 문제와 학교생활에 대한 고민을 토론하고 있다. 이렇게 누군가에게 나의 고민을 안전하게 나눌 수 있다는 사실만으로도 큰 위안이 된다.

🌐 스포츠로 이어진 마음 : 국제교류부

나는 1년 동안 국제교류부에서 스포츠 교류 업무를 맡았다. 한국에서 스포츠 클럽 대회 지도 경험이 있었고 근교 학교와 친선 경기를 하기도 했지만, 해외에서 학교 간 스포츠 교류를 진행하는 것은 처음이라 긴장이 되었다.

우선 하노이한국국제학교에서 스포츠 교류가 가능한 종목을 정하고, 교류가 가능할 만큼 학생들의 실력을 향상시키는 것이 필요했다. 방과후수업으로 농구반이 개설되어 있었고 배구 동아리가 운영되고 있었기 때문에 스포츠 교류 종목은 농구와 배구로 결정했다. 농구는 방과후수업 시간을 활용해 연습했고, 배구는 수업 시작 전 아침 시간과 점심 시간을 활용해 연습했다. 실전 대비를 위해 사제 동행 스포츠데이를 만들어, 선생님들과 함께 실제 경기처럼 연습하는 방식으로 실력을 향상시켰다.

다음으로는 스포츠 교류가 가능한 학교를 찾아야 했다. 베트남어 선생님께 현지 학교 중 스포츠 교류를 희망하는 학교가 있는지 알아봐 달라고 부탁드렸고, 국제교류부 영어 담당 선생님의 도움을 받아 국제학교에 직접 이메일도 보냈다. 처음에는 4개 학교에서 연락을 받았으나, 그중 ISV(International School of Vietnam)와 국제 친선 경기를 개최하기로 결정했다. 이후 ISV 체육 선생님과 이메일을 주고받으며 일정과 경기 규칙을 협의했고, 협의 내용을 국제교류부 부장님께 보고하며 업무를 추진했다.

스포츠 교류 과정에서 가장 어려웠던 점은 일정 조율이었다. 한국 교육과정을 따르는 하노이한국국제학교와 영국식 교육과정을 따르는 ISV의 학사 일정은 너무 달랐고, 양쪽 학생들이 모두 참여할 수 있는 시간을 확보하기가 쉽지 않았다. 여러 차례 조정을 거친 끝에, 2020년 11월 30일(월) ISV 체육관에서 여자 고등부 배구 경기를 진행했고, 12월 4일(금) 같은 장소에서 남자 고등부 농구 경기를 진행했다. 모든 경기는 페이스북 라이브 방송으로 생중계되었다.

경기장 안에서는 한 치의 양보도 없는 팽팽한 승부가 이어졌지만, 경기가 끝난 뒤에는 학생들이 서로 악수를 하고 사진을 찍으며 연락처를 주고받는 등 스포츠를 통해 우정을 나누는 모습이 인상적이었다. 교사로서 스포츠 교류 활동을 준비하고 운영하는 과정은 번거롭고 부담이 되었지만, 국적을 넘어 학생들이 서로 교류하며 즐거워하는 모습을 볼 때마다 큰 보람과 뿌듯함을 느꼈다.

국제교류부 업무를 수행하는 동안 나는 '베트남학생농구리그대회'에도 참가하게 되었다. 처음에는 이런 대회가 있다는 것조차 몰랐지만, 농구 방과후수업을 듣는 학생이 알려 주어 참가 신청을 하게 되었다. 그러나 신청 과정은 쉽지 않았다. 대회 참가 대상이 '하노이에 있는 학교 재학생'으로 한정되어 있었기 때문이다. 하노이한국국제학교는 하노이에 위치해 있지만 현지 학교가 아닌 국제학교이므로 참가 자격이 되는지 확신할 수 없었다. 주최 측에 문의한 결과 "국제학교의 참가가 처음이지만 가능하다"는 답변을 받아 우여곡절 끝에 참가할 수 있었다.

참가 신청서와 학생 건강검진 확인서는 한국어로 작성한 후, 베트남어와 영어로 번역하여 우편으로 제출했다. 이후 대표자 협의회에 참석해 조 추첨 및 대회 운영 관련 내용을 전달 받았다. 대표자 협의회에는 나와 베트남어 선생님이 함께 참석했지만, 나는 베트남어를 잘 이해하지 못했고, 베트남어 선생님은 농구 규칙을 완전히 알고 있지 않아 설명을 온전히 이해하는 데 어려움이 있었다. 다른 국제학교처럼 현지 농구 코치가 함께 왔으면 좋았겠다는 아쉬움이 들었다.

베트남학생농구리그대회는 2020년 11월부터 2021년 5월까지 진행되었다. 경기는 홈팀과 어웨이팀 방식으로 운영되었고, 기본적으로 홈팀의 농구장에서 치러졌다. 정식 규격의 농구장이 없는 경우에는 별도의 장소를 섭외해야 했다. 호기롭게 참가 신청서를 제출했지만, 경기 일정 조율과 경기장 준비 과정에서 예상치 못한 어려움이 계속되었다. 그럼에도 불구하고 학생들이 베트남 학생들과 함께 농구를 즐기며 성장하는 모습을 볼 때면, 이러한 고생들이 모두 눈 녹듯 사라졌다.

이번 대회를 통해 나는 다시 한 번 학생들의 노력과 여러 선생님들의 헌신에 감사함을 느꼈다. 열악한 경기 환경과 무더운 날씨 속에서도 매 경기 최선을 다해 뛴 학생들, 물심양면으로 도움을 주신 선생님들, 통역과 행정 업무를 맡아 주신 베트남어 선생님께 깊은 감사를 전한다. 이후 하노이한국국제학교 학생들과 학부모님들은 스포츠 교류 활동을 더 만들어 달라고 요청을 하였고, 다른 학교에서도 교류 요청을 받았으나 코로나 바이러스 확산으로 인해 아쉽게도 이후 교류 활동은 더 이상 진행되지 못했다.

🌐 학생이 주도하는 배움과 성장

하노이한국국제학교에 지원한 이유 중 하나는 한국의 입시·경쟁 중심 교육에서 벗어나, 학생들이 현재의 삶을 더 충실하게 살아갈 수 있도록 돕는 교육을 해 보고 싶었기 때문이다. 그런데 막상 하노이한국국제학교에 와 보니 한국과 크게 다르지 않았다. 학생들은 여전히 대학 입시를 위해 현지에서 사교육을 받고 있었고, 성적 경쟁도 치열했다. 대학 진학 결과가 재외 한국학교의 성과로 강조되는 분위기도 있었다. 처음에는 다소 실망스러웠지만, 학교 생활에 적응하면서 더 자세히 들여다보니 또 다른 면들이 보이기 시작했다.

하노이한국국제학교는 한국의 국가교육과정을 따르지만, 재외학교라는 특수성을 반영해 교육과정을 보다 탄력적으로 운영할 수 있었다. 또한 대학수학능력시험으로 진학하는 학생이 한국보다 훨씬 적기 때문에 수업 진도에 대한 부담도 덜했고, 이 덕분에 다양한 수업 방법을 시도하며 학생들에게 더 깊이 있는 배움을 제공할 여지가 많았다.

이런 교육적 가능성이 실제 수업 속에서 구현되는 순간을 경험한 적이 있었다. 어느 날 동료 교사의 수업을 참관하게 되었는데, 탐구 기반 자기주도적 학습을 훌륭하게 이끌어 내는 수업이었다. 선생님은 수업 시작 10분 동안 학습 주제를 소개하며 학생들의 흥미를 자극했다. 이후 학생들은 30분 동안 교과서를 읽고 스스로 질문을 만들고, 서로 질문과 답을 주고받으며 사고를 확장해 나갔다. 답을 찾지 못하면 선생님께 질문했고, 수업 마지막 10분 동안 선생님은 전체 정리와 주요 질문에 대한 답을 제공했다. 이 과정을 보며, 우리가 삶에서 목표를 세우고 스스로 정보를 탐색하며 해답을 찾고 필요할 때 전문가의 도움을 받는 과정이 이 수업 방식과 닮아 있다는 생각이 들었다.

나는 11학년 담임을 맡은 적이 있는데, 학급 인원은 36명으로 한국보다 11명이나 많았다. 처음에는 적응하기 힘들었지만, 학생들에게 삶과 맞닿아 있는 배움을 주고자 노력했다. 새 학기가 시작되자 학생들과 진로·진학 상담을 진행했다. 대부분의 학생은 한국 대학 진학을 목표로 했고, 일부는 해외 대학이나 베트남 현지 대학 진학을 희망했다. 학생들은 성적, 생활기록부, 포트폴리오 등 대학 입시에 필요한 요소를 잘 알고 있었고, 그래서인지 '나의 꿈 발표 대회', '1인 1역할', '학급 친교 활동' 등 학급 행사에서도 적극적인 모습을 보였다. 무단지각이나 무단조퇴, 무단결석도 기의 없었고, 수업시간에도 적극적으로 참여했다.

학부모님들 역시 학생들의 진학에 관심이 많았지만, 교사에게 과도한 요구를 하거나 부담을 주는 경우는 거의 없었다. 오히려 학교에서 도움이 필요하다고 요청하면 언제든 협조해 주셨다. 재외한국학교의 특성 중 하나는 한 학급에 1~2명 정도 교직원 자녀가 있다는 점이었다. 솔직히 동료 교사의 자녀를 가르쳐야 한다는 부담감은 있었지만 그 학부모님들 역시 그 부분을 잘 이해하고 있어서 실제 문제로 이어지지는 않았다.

담임교사로 느낀 점은, 하노이한국국제학교 학생들은 한국 학생들과 비교했을 때 국어·영어·수학 같은 주요 교과의 학업 수준은 다소 낮을 수 있으나, 학생들이 순수함을 잃지 않고 각자의 꿈을 찾아 자기주도적으로 살아가고 있다는 것이었다. 그래서인지 교사로서 학생들에게 더 많은 것을 가르쳐 주고 싶다는 마음이 저절로 들었다.

학생들의 이러한 주도성은 학교 행사에서도 뚜렷하게 드러났다. 스포츠 한마당은 7~12학년이 모두 참여하는 큰 행사로, 학생들이 손꼽아 기다리는 날이다. 특히 이 행사는 교사가 아니라 총학생회 체육부가 직접 기획하고 운영한다는 점에서 의미가 깊었다. 총학생회 체육부장은 운영 방법, 규칙, 홍보, 시나리오 등을 체육부원들과 함께 준비했고, 나는 교직원들에게 의견을 전달하고 행정적 지원을 하며 옆에서 문제 해결을 돕는 역할을 맡았다. 준비 과정에서 여러 어려움이 있었고, 행사 당일에는 궂은 날씨로 인해 걱정이 되었지만 학생들의 힘으로 스포츠 한마당은 성공적으로 마무리될 수 있었다.

이처럼 학생들 주도의 행사가 자리 잡을 수 있었던 것은 선후배 간의 끈끈한 유대감 덕분이다. 하노이한국국제학교는 1학년부터 12학년까지 같은 공간에서 생활하기 때문에, 후배들은 선배들의 모습을 보며 자연스럽게 학교 문화를 익힌다. 그래서 심폐소생술 경연대회, 한국어날 행사, 스승의 날, 스포츠 교류, 스포츠 한마당, 학교 축제 등 다양한 학교 행사를 학생들이 스스로 기획하고 운영한다. 이러한 경험은 학생들이 앞으로 자신의 삶을 스스로 개척해 나가는 데 큰 힘이 될 것이라고 믿는다.

🌐 위기 속에서 피어난 새로운 배움 : 코로나 시대의 체육 온라인 수업

하노이에서의 첫 해가 지나고 2020년 1학기가 시작되었지만, 하노이한국국제학교는 운동장에 버려진 주인 없는 축구공처럼 쓸쓸하고 적막했다. 코로나바이러스가 베트남에서도 빠르게 퍼지기 시작하면서 개학은 네 차례나 연기되었고, 결국 사상 처음으로 온라인 수업으로 전면 전환된 채 개학을 하게 되었다.

여태 체육교사로서 학생들과 함께 뛰고 호흡하며 감정을 교류하고, 몸으로 직접 배우는 수업을 해 왔다. 교과의 특성상 어떤 과목보다 대면 수업이 적절하다고 생각했기에, 갑작스럽게 온라인 수업을 해야 한다는 사실에 두려움이 앞섰고 눈앞이 캄캄해졌다.

막막한 상황 속에서 이전에 온라인 수업 경험이 있던 선생님들이 자발적으로 연수를 열어 주었다. 동영상 편집, EBS 플랫폼 활용, 줌 수업 운영 등 다양한 기술을 실습과 시행착오를 통해 하나씩 배워 나갔다. 그러던 중, 체육이 단지 신체 활동뿐 아니라 이론적 지식과 신체활동의 가치도 함께 가르치는 '지·덕·체' 교과라는 점을 다시금 떠올리게 되었고, 결국 EBS 온라인 클래스를 중심으로 체육 수업을 재구성하기로 했다.

그러나 수업 자료를 만드는 일은 또 다른 도전이었다. 인터넷에는 자료가 넘쳐났지만 실제 체육 수업에서 활용할 만한 것을 찾기란 쉽지 않았다. 결국 내가 원하는 수업을 만들기 위해 조금 어설프더라도 직접 영상을 촬영하고 편집해 재구성하기로 했다. 카메라 앞에서 나는 긴장을 했고, 말은 자꾸 꼬였다. 몇 차례나 NG가 나서, 50분짜리 수업 영상 하나를 찍는 데만 두 시간이 넘게 걸리기도 했다. 혼자 카메라 앞에서 계속 떠들다 보니, 내 썰렁한 농담에도 웃어 주던 학생들이 그리워졌다.

막막함 속에 서 있을 때 문득 한 문장이 마음을 스쳤다.

"내가 가진 것으로 내가 할 수 있는 일을 하자."

늘 도전 앞에서 좌절할 때마다 스스로에게 되뇌던 말이었다. 처음부터 완벽할 수는 없으니 지금 가진 것으로 최선을 다하면 된다는 생각이 들자 마음이 한결 가벼워졌다. 카메라 앞에서 어색해 어쩔 줄 몰라 하던 나도 시간이 지날수록 점차 화면 속 나의 모습에 익숙해졌다.

그런데 학생들의 반응은 예상보다 더 긍정적이었다. 실외에서 직접 신체 활동을 하지 못해 아쉽다는 의견도 있었지만, 오히려 이번 기회에 체육 이론을 자세히 배울 수 있어 좋았다는 피드백도 많았다. 이러한 학생들의 격려에 힘입어 온라인 환경에서 할 수 있는 다양한 체육 수업을 시도해 보았다.

코로나로 인해 세계가 위기에 빠진 것처럼, 온라인 체육 수업 또한 나에게는 큰 위기였다. 그러나 위기 속에 기회가 있듯이, 결국 나는 그 위기를 정면으로 마주하며 하나씩 해결해 나갔다. 그 결과 체육 수업의 방식이 오프라인 수업에서 온라인 수업까지 확장되었고, 기존 수업을 다시 돌아보는 성찰의 기회도 얻었다. 무엇보다 동료 선생님들과 함께 머리를 맞대고 문제를 해결해 나가며 집단 지성의 힘을 온전히 체감할 수 있는 시간이었다.

⊕ 나는 기간제·계약제 교사였다

2019년 3월, 나는 한국에서 고용 휴직을 하고 하노이한국국제학교에서 초빙 교사로서 임용계약서을 작성하고 2년 계약 근무를 시작했다. 당시에는 임용계약 서가 이곳에서 얼마나 중요한 의미를 가지는지 미처 알지 못했다. 부임한 지 얼마 지나지 않아 교무실에서 한 선생님이 무심히 나에게 물었다.

"선생님은 국·공립학교 교사세요?"

"네."

"그럼 2년만 계실 건가요?"

나는 "잘 모르겠어요"라고 대수롭지 않게 대답했지만, 나한테 그 질문을 왜 하시는지 알 수 없어 마음 한편에 의문이 남았다. 그때는 학교에 적응하느라 정신이 없어서 크게 신경 쓰지 않았다. 시간이 지나 학교 생활에 익숙해질 즈음, 조금씩 이상한 점이 눈에 들어오기 시작했고, 그 선생님의 질문이 무엇을 의미하는지 서서히 이해하게 되었다.

한국에서라면 교무실에서 학교의 불편한 점이나 개선이 필요한 부분을 선생님들과 이야기하고, 관리자에게 건의하는 일이 자연스러웠다. 그러나 이곳에서는 학교에 대한 불만이 있어도 대부분의 선생님들이 쉽게 입을 열지 않았다.

'왜 그럴까?' 하는 의문이 들던 차에, 2학기가 되자 교무실은 교원평가와 재임용 이야기로 술렁이기 시작했다. 특히 "교원능력평가 결과에 따라 내년에 재계약이 안 될 수도 있다"는 소문은 국공립학교 교사였던 나로서는 매우 낯설고도 충격적인 이야기였다. 실제로 하노이한국국제학교에서는 9월에 교원능력평가와 계약연장 희망서, 직무수행 계획서를 제출해야 했고, 이를 근거로 다음 해 재계약 여부가 결정되었다. 그제서야 선생님들이 학교에 대한 불만을 쉽게 말하지 못하는 이유를 알 것 같았다.

하노이한국국제학교에는 다양한 배경과 동기를 가진 선생님들이 모여 있다. 국·공립학교 출신 교사, 사립학교 출신 교사, 현지 채용 교사, 기간제 교사 등 소속도 다양했다. 이곳에 오게 된 이유 또한 제각각이었다. 자녀 교육을 위해, 배우자의 직장을 따라, 또는 새로운 경험을 찾아 하노이에 온 선생님들도 있었다. 학교에 오게 된 사연은 서로 달랐지만, 대부분은 재계약을 희망했기에 말과 행동을 조심하였고, 때로는 하고 싶은 말이 있어도 목소리를 낮추어야 했다.

그렇다고 재임용 제도가 부정적인 면만 있는 것은 아니었다. 2년 이후에는 매년 재계약을 위한 평가를 받아야 했기 때문에, 교사들은 수업 준비와 업무에 더 성실히 임했고, 학교 행사에도 매우 적극적이었다. 그것이 설사 재계약을 위한 노력이라고 하더라도, 헌신적인 선생님들 덕분에 열악한 여건 속에서도 재외한국학교가 유지되고 발전할 수 있었다고 생각한다.

하지만 나의 고민은 여전히 남아 있다. 만약 재임용만을 위해 관리자나 이사회의 눈치를 보게 된다면, 교사의 교육적 소신은 어떻게 될까? 학생들을 위한 목소리가 사라진다면, 교사로서의 자존감은 과연 지켜질 수 있을까? 나아가 교사들의 헌신과 불안을 관리자나 이사회가 편의대로 이용하게 된다면, 학교는 과연 어떤 방향으로 흘러가게 될까?

재외한국학교가 사립학교의 구조를 가진 이상, 이런 나의 고민은 쉽게 해소되기 어려울 것이다. 그럼에도 불구하고 하노이한국국제학교에서 자신의 교육 철학을 펼치고자 애쓰는 교사들을 많이 봐 왔기에, 교육적 소신을 지키며 끊임없이 고민한다면 재외한국학교에서도 자신의 뜻을 펼칠 수 있는 교육활동을 할 수 있을 것이라고 생각한다.

🌐 매일매일이 여행 같았다

나의 하노이한국국제학교 생활은 출근길부터 이미 여행의 시작이었다. 매일 아침, 빵빵거리는 현지 오토바이 군단의 일부가 되어 오토바이를 타고 학교로 향했다. 학생들은 알록달록한 학교 버스를 타고 등교했다. 1학년부터 12학년까지 어떤 학생은 형이나 누나의 손을 잡고, 어떤 학생은 친구와 이야기를 나누며, 또 어떤 학생은 부모님의 손을 잡고 각자의 기대와 꿈을 품고 학교에 왔다.

교무실에 들어서면, 진하고 고소한 커피 향이 나를 반겨주었다. 누구랄 것 없이 일찍 출근한 선생님이 동료들을 위해 항상 커피를 내려 놓으셨다. 따뜻한 커피 한 잔을 마시며 선생님들과 짧은 담소를 나누며 하루를 시작할 수 있었다.

체육 수업 시간에는 학생들과 함께 땀흘리며 즐거움과 보람을 느꼈다. 물론 매번 의도한 대로 수업이 흘러가지는 않았지만, 예상치 못한 순간에 찾아오는 작은 행복들이 나를 웃게 했다. 방과 후에는 선생님들과 배구, 배드민턴, 수영 등 다양한 활동을 하며 한국에서는 쉽게 누릴 수 없었던 소소한 취미 생활도 즐겼다.

일과가 끝난 뒤에는 가끔 하노이 시내에 나가 선생님들과 쌀국수, 분짜, 반미, 반쎄오, 분보남보 등 맛있는 베트남 음식을 마음껏 즐겼다. 그리고 시원한 맥주

한 잔을 기울이면 하루 종일 쌓였던 피로가 말끔히 사라졌다. 식사 후에는 시원한 망고 빙수와 신선한 과일을 먹었다.

여행을 좋아하는 나와 짝꿍은 휴일이나 방학이면 베트남 곳곳을 여행했는데 그중에서도 가장 기억에 남는 곳은 베트남 최북단의 산악 도시 '하장'이다. 한국 사람들에게는 사파가 더 알려져 있지만, 현지인들에게 하장은 오토바이 라이딩으로 유명한 곳이다. 우리도 심야 버스를 타고 새벽에 도착해 오토바이를 빌린 뒤, 북부 베트남의 웅장한 카르스트 지형을 배경으로 드라이브를 즐겼다. 하루 종일 오토바이를 타다 보면 허리와 엉덩이가 아프고 아찔한 순간도 있었지만, 얼굴을 스치는 시원한 바람과 눈앞에 펼쳐지는 장대한 풍경 앞에서는 이 모든 고생은 잊혀졌다. 베트남 하노이에 살지만 베트남에서 떠나는 여행은 또 다른 여행 같았다. 여행 속의 여행이라고 해야 할까.

나에게 하노이에서의 생활은 일상이라기보다는 매일매일이 여행 같았다. 도전과 실패, 기대와 실망이 교차하는 가운데, 익숙해졌다고 생각하는 순간마다 또 다른 새로운 일이 생겼다. 아마도 하노이에서의 시간이 유한하다는 것을 알고 있었기에, 그 시간들이 더 소중했다.

몇 년이 지난 지금도 길가를 스치는 오토바이 소리를 들으면 하노이에서의 출근길이 떠오르고, 노란 학교 버스를 보면 등하굣길에 깔깔거리던 학생들의 웃음소리가 귓가에 맴돈다. 비 오는 날이면 따뜻한 쌀국수가 생각나고, 무더운 날이면 코코넛 커피가 떠오른다.

나에게 베트남 하노이는 제2의 고향이고, 하노이한국국제학교는 제2의 모교이다. 학교 생활이 힘들고 지칠 때, 사람이 그리울 때, 편안한 감정을 느끼고 싶을 때 다시 그 여행길에 오르고 싶다.

리얼 생활 꿀팁 공유 ⚜ 베트남 하노이

🌐 베트남 하노이 소개

· 인천국제공항에서 노이바이국제공항까지 비행거리는 약 2,700km이며, 비행 시간은 4시간 30분 정도이다. 대한항공 · 비엣젯 · 베트남항공 등 매일 항공편이 있다.

· 하노이는 총기 소지가 금지되어 있고 흉악 범죄 발생률도 낮은 편이다. 공안의 활동이 활발해 비교적 안전하지만, 호안끼엠 등 사람이 많이 붐비는 지역에서는 소매치기를 조심해야 한다.

· 호안끼엠 호수와 서호 일대에서는 세계 각국의 음식을 고급스러운 분위기에서 즐길 수 있다.

· 대부분의 사람들이 오토바이를 이용해 출퇴근하며, 최근에는 오토바이는 줄고 자동차가 늘어나는 추세다. (하노이한국국제학교 선생님들도 오토바이를 타고 출근하는 경우가 많다.)

· 하노이는 2025년 기준 연평균 6.57%의 성장률을 기록하고 있으며, 주택 가격과 임대료가 지속적으로 상승하고 있다.

· 하노이 한인 커뮤니티가 잘 형성되어 있으며, 미딩 지역에는 한국 음식점 · 한국 마트 · 학원 · 병원 등 시설이 다양하게 갖춰져 있다.

· 하노이에는 우리은행 하노이지점이 있어 금융 · 환전 · 송금 등의 업무를 편안하게 볼 수 있다.

· 하노이 사람들은 대체로 한국인에 대해 긍정적인 시선을 가지고 있으며, K-POP · 한국 드라마 · 한국 음식 등 한국 문화가 베트남 젊은 세대에게 큰 인기를 끌고 있다.

🌐 베트남 하노이 기후

- 하노이는 동남아 특유의 아열대성 기후지만 한국처럼 사계절이 있다.

- 2~4월(봄): 온화하고 쾌적하며, 여행이나 야외활동에 최적의 시기이다. 꽃시장에 가면 봄꽃의 향기를 충분히 느낄 수 있다.

- 5~9월(여름): 최고 기온이 40도까지 오르며, 갑자기 쏟아지는 스콜성 소나기로 도시가 물에 잠기기도 한다.

- 10~11월(가을): 시원한 바람이 불고 맑은 하늘을 즐길 수 있다.

- 12~1월(겨울): 평균 기온은 13~20도지만 습도가 높아 체감온도는 더 낮게 느껴진다. 난방 시설이 부족해 실내에서도 춥게 느껴지는 경우가 많다.

🌐 베트남 하노이 주거

- 아파트는 자가 또는 월세 형태가 일반적이며, 가구와 전자제품이 모두 갖춰진 풀옵션인 경우가 많다.

- 월세 계약은 보통 부동산 중개업자를 통해 진행하며, 중개 수수료는 집주인이 부담하는 것이 일반적이다. (대략 월세 한 달 치 수준)

- 계약은 보통 1년 단위로 이루어지며, 1년 치 월세를 한 번에 선납하면 경우에 따라 약간 할인해 주는 곳도 있다.

- 아파트마다 차이는 있지만, 월세는 대략 700~2,000달러 선이며, 단지 내 수영장·헬스장·탁구장·테니스장 등 다양한 부대시설을 이용할 수 있는 곳이 많다.

- 한국인들은 주로 '경남', '스카이레이크', '에메랄드', '디 캐피탈', '웨스트포인트', '빈홈 가드니아', '골드마크 시티' 등 아파트 단지에 많이 거주한다.

· 한국인이 많이 사는 아파트 단지에는 온라인 커뮤니티가 잘 형성되어 있어, 생활 정보와 각종 소식이 단톡방을 통해 활발하게 공유되는 편이다.

⊕ 베트남 하노이 교통

· 하노이는 오토바이가 중심이며, 도로가 좁고 혼잡해 출퇴근 시간 교통 체증이 매우 심하다. 인도 위에 오토바이가 다니거나 주차되어 있어 보행이 불편하다.

· 경적 소리가 빈번하지만, 이는 단순히 위치를 알리거나 위험을 경고하는 기능으로 사용되기 때문에 불쾌하게 받아들이지 않아도 된다.

· 횡단보도에서는 현지인과 함께 건너기, 오토바이 운전자와 눈을 마주치며 천천히 직진하기가 안전하다. (뛰거나 갑자기 멈추면 위험하다.)

· 버스 요금은 7,000~9,000VND(약 400원)으로 매우 저렴하며, 구글 지도로 노선을 확인할 수 있다.

· 그랩(Grab) 등 앱을 통한 택시·오토바이 호출은 안전하고 저렴하며 이용이 편리하다.

· 공식 택시(마일린 택시 등)이 있으나 베트남어가 서툴 경우 앱 기반 이동수단을 추천한다.

· 장거리 이동 시에는 기사 포함 차량 대여를 많이 이용하며, 잘로(Zalo)나 카카오톡을 통해 예약할 수 있다.

· 시외 이동에는 기차나 슬리핑 버스를 사용하지만 도착 시간이 일정하지 않아 여유를 두고 이용해야 한다.

🌐 베트남 하노이 생활

- 한국에 비해 전반적인 생활 물가는 대체로 저렴한 편이며, 대형마트와 한인 마트가 잘 발달해 있다.

- 롯데마트(한국 식품), GO! 마트(현지 식재료), 이온몰(일본 식자재), K-마트(한국 식자재) 등 선택지가 다양하다.

- 배달 서비스가 잘 되어 있어 모바일 앱을 통해 음식이나 생필품을 쉽게 주문할 수 있다.

- 로컬 시장에서는 채소와 과일을 저렴하게 구매할 수 있는데, 보통 무게(kg) 단위로 가격이 정해지므로 중량을 꼭 확인하는 것이 좋다.

- 한국인이 운영하는 내과 · 치과 · 한의원 등이 있으며, 일부 베트남 병원에는 한국어 통역 보조원이 상주하는 곳도 있다.

- 병원비는 한국보다 비싼 편이지만, 여행자 보험에 가입했다면 진료 후 보험금 청구가 가능하다.

- 인건비가 상대적으로 저렴해 가정 청소 도우미를 이용하는 가정도 많으며, 앱이나 한인 커뮤니티를 통해 구할 수 있다.

- 현지 강습비가 저렴한 편이라 골프 · 테니스 · 요가 · 필라테스 등 취미 활동을 비교적 부담 없이 즐길 수 있다.

- 여름에는 습도가 높아 제습기가 필요하고, 겨울에는 공기질이 좋지 않은 날이 많아 공기청정기는 거의 필수품에 가깝다.

- 실내에 난방 시설이 없는 경우가 많기 때문에 전기장판 준비를 강력히 추천한다. (겨울에도 습도가 높고 흐린 날이 많아, 체감 추위가 훨씬 크게 느껴진다.)

- 베트남 내 리조트와 호텔은 가격 대비 만족도가 높아, 가족 여행을 다니기에도 좋다.

말레이시아

서승현 선생님

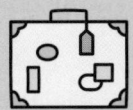

서류와 면접을 통과하여 드디어 해외파견 교사로 부임하게 되면 본격적인 현지 학교 생활이 시작된다. 새로운 업무 환경과 학교 문화에 적응하는 과정에서 기대와 다른 점도 많을 수 있다. 내가 근무했던 말레이시아한국국제학교의 경우를 예로 들면 한마디로 학교 안은 한국과 같지만 학교 밖은 해외인 생활이었다. 교실 안에서 한국 교과서로 수업하고 한국어로 아이들을 가르치는 풍경은 국내 초등학교와 매우 흡사했다. 운동회나 학예회 같은 행사도 한국 학교처럼 진행되었고, 학생들도 대개 교민 자녀들이어서 학교 안에서는 큰 문화적 이질감이 없었다. 이러한 부분은 교육 내용이나 방식 면에서 국내와의 공통점이라 할 수 있다. 그러나 학교 조직 문화와 업무 환경에서는 여러 차이가 나타났다.

첫째로, 함께 일하는 동료 교사들의 구성이 다양했다. 전국 각지에서 지원해 온 우수한 선생님들이 모였기에 배울 점도 많았지만, 그만큼 일의 속도와 강도가 기존에 경험한 것보다 빠르고 높았다. 실제로 처음 두어 달간은 동료들의 업무 수준을 따라가느라 거의 매일 밤늦게까지 업무 파악과 준비를 해야 했다. 누가 시켜서가 아니라 스스로 살아남기 위해, 민폐를 끼치지 않기 위해 야근도 마다하지 않았다. 각자 역량이 뛰어난 분들과 합을 맞추는 일은 초반에 큰 도전이었지만, 덕분에 업무 역량이 짧은 시간에 많이 성장하는 계기가 되기도 했다. 중요한 것은 처음에 주눅 들지 말고 적극적으로 배우는 자세였다. 내가 느낀 팁은, 모르면 물어보고 도움을 청하는 것을 두려워하지 말라는 것이었다. 해외파견 온 동료들은 대개 협력하려는 열린 태도를 갖고 있어서 모르는 일이 있을 때 솔직하게 물어보면 흔쾌히 가르쳐주곤 했다. 초반에 실수를 줄이기 위해 메모를 생활화하고, 한국에 있는 선배나 이전 기수 파견 선생님들께 SNS로 조언을 구하기도 했다. 그렇게 적극적으로 적응하려는 노력을 하니 몇 달 후에는 업무도 익숙해지고 현지 생활 리듬도 잡히기 시작했다.

둘째로, 학교 규모와 역할 분담의 차이가 있었다. 내가 있었던 학교는 소규모 학교였는데, 이렇다 보니 한 사람이 여러 역할을 겸임해야 했다. 나는 담임교사이면서 교과전담도 일부 맡았고, 부서 행정 업무도 도와야 했다. 국내라면 행정실이나 교육청 지원으로 해결될 일들도 때로는 교사가 직접 처리해야 했다. 예를 들어 현지 행사 준비나 회계 업무 등을 교사들이 나눠 맡기도 했다. 물론 학교마다 상황은 다르겠지만 해외 한국학교는 대체로 작은 조직이기 때문에 '한 사람이 뭐든 다 한다'는 마음가짐을 가져야 한다. 나는 처음엔 이런 환경에 당황했지만, 오히려 여러 방면의 업무를 경험한 것이 장기적으로 보았을 때 커리어에 큰 재산이 되었다. 작은 학교이다 보니 한 명 한 명이 학교 운영 전반에 미치는 영향이 커서 책임감도 자연스레 높아졌다.

셋째로, 현지 문화 및 언어 적응이었다. 앞서 언급했듯이 수업은 한국어로 진행되지만 학교 밖에서는 현지인 직원이나 학부모와 소통할 일이 종종 있었다. 말레이시아의 경우 영어가 통용되었기에 영어로 의사소통하면 크게 문제는 없었지만, 초반에는 현지 억양과 표현에 익숙해지는 시간이 필요했다. 또한 학부모 중에는 외국인이거나 다문화 가정도 있었기 때문에 문화적 예절이나 타문화에 대한 이해를 갖고 대하려 노력했다. 이슬람 문화권의 금기사항을 미리 공부하거나 현지 공휴일과 주요 행사를 파악해 학사일정에 반영하는 등의 세심함이 필요했다. 학교 문화 측면에서도 국내와 다른 부분이 있었는데, 예를 들어 말레이시아는 연중 기후가 덥다 보니 학교에서 수영장 활동이 아주 중요한 행사로 자리잡고 있었다. 그리고 코로나19 팬데믹 시기에는 말레이시아 정부의 방침 변화에 따라 등교와 원격수업을 수시로 전환해야 했는데, 이 과정에서 현지 교육청 및 이웃 국제학교들에 물어보고 대응했던 일도 기억에 남는다. 갑작스러운 지역 봉쇄로 학교에 나오지 못하는 경우 교직원들의 정보망을 총동원해 온라인 수업을 위한 준비를 했다. 해외에서는 예기치 못한 상황이 자주 발생하고 그때마다 교사들이 문제 해결사가 되어야 했다. 힘든 일이 많았지만 돌이켜 보면 이런 경험 하나하나가 내 시야를 넓혀주고 문제 해결 능력을 키워준 소중한 배움이었다.

마지막으로 가장 중요한 적응 포인트는 긍정적인 마음가짐과 유연성이었다. 초기에 일이 몰려 힘들 때 흔들리지 않고 버티는 인내심, 새로운 방식을 기꺼이 받아들이는 학습 태도가 없다면 적응이 어렵다. 실제로 현지 생활 초반 예상치 못한 어려움들이 닥쳤을 때 '내가 과연 잘해낼 수 있을까' 불안하기도 했지만, 끝까지 부딪혀 보는 끈기가 큰 힘이 되었다. 결국 해외파견 교사로 일한다는 것은 끊임없이 배우고 협력하며 성장하는 과정의 연속이다. 긍정적으로 배우려는 자세를 유지한다면 새로운 학교 문화도 머지않아 자기 것으로 소화해낼 수 있다.

내가 재외 학교에서 추진했던 프로젝트를 소개하겠다. 코로나가 잠잠해지고 나서 교장선생님이 나를 부르셨다. 학생들의 체력 저하 문제도 있고 특별활동을 위해서 스포츠데이를 해보는 것은 어떨지 물으셨다. 좋다고 했고, 인근 체육시설들을 점검했다. 옆 동네인 푸트라자야 시설과 학교 인근 사이버자야 지역을 말씀드렸는데, 교장선생님께서는 학생들 이동 안전 및 교육 운영 시수를 고려했을 때 시설이 좀 부족하더라도 가까운 곳이 좋다고 하셨다. 그래서 그곳에 가서 담당 매니저를 찾았다. 담당 매니저를 찾는 데만 일주일이 걸렸다. 사람들마다 말이 달랐다. 매니저라고 하면 자기 위의 사람이었다. 그래서 시설 총괄 매니저와 만남이 성사되기가 힘들었다. 다행히 매니저를 만나서 도움을 많이 받았다. 지금은 고인이 된 친구지만, 내가 요구하는 사항은 잘 들어주었다. 승마 코치와 테니스 코치를 소개받았다. 이제 배드민턴과 골프 코치를 구해야 했다.

또다시 지역의 젊은 친구들의 도움을 받았다. 무티아라라는 유학생들이 모여 사는 단지 앞에는 테니스와 배구 코트가 있다. 대학생들이 모여서 운동을 한다. 다른 단지와 다르게 관리가 안 되는지, 그냥 개방을 하는 건지 개방되어 있다. 그래서 동네 젊은이들이 그곳에 모여 운동을 많이 한다. 나도 가끔 거기에서 테니스를 치곤 했다. 그 친구들에게 배드민턴 코치가 있는 정보를 얻었다. 그리고 제일 어려운 골프 코치 섭외만 남았다. 알고 있는 현지 코치가 금액과 스케줄을 듣고 나서 연락이 없었다. 말레이시아 사람들과 지내다 보면 종종 이런 경험을 한다. 서로 아는 사이라면 거절하는 말을 직접적으로 하지 않는다. 서로 모르는 사이거나 사무적인 관계라면 안 된다고 하지만, 안면이 있으면 둘러서 다른 이유를 말하거나 연락을 피한다. 대답을 기다리다 배드민턴 코치한테 혹시 아는 골프 코치 있냐고 물었더니 소개를 해주었다. 재미난 것이, 말레이시아는 골프를 사랑하는 나라다. 골프를 좋아하는 사람이면 잘 알겠지만 프로 데뷔가 쉽지 않다. 그래서인지 프로는 아니었지만 공식 기록을 보유하고 청소년 지도 자격증 같은 게 있는 사람이 있었다. 경력서를 보니 리조트에서 키즈클럽 같은 곳에서 골프를 지도하기도 했었다. 교장선생님과 상의 후 계약을 했다.

그래서 수영, 승마, 골프, 테니스, 배드민턴 종목이 결정되었고, 처음이자 마지막으로 스포츠데이 행사를 했다. 부족한 점도 있었지만 일단 시도해 보았고 학생들은 즐거워했다. 이 업무 추진 과정에서 성공 가능성을 생각하고 업무를 하지는 않았다. 한국에서도 해봤던 경험이 있었기 때문에 '사람 사는 곳은 다 똑같다'는 생각을 가지고, 실패해도 좋으니 최선을 다한다는 마음을 가졌다.

해외에 나갈 때 가족을 동반하는 경우 혼자 갈 때보다 추가로 고려해야 할 현실적 요소들이 많다. 나도 두 아이와 아내를 함께 데리고 말레이시아로 갔기 때문에 출국 전부터 이것저것 신경 쓸 부분이 많았다. 가족과 함께 해외생활을 계획한다면 몇 가지 항목을 꼭 따져보아야 한다.

무엇보다 가족의 동의와 심리적 준비가 필요하다. 가장 먼저 가족들의 의견과 동의가 필수이다. 나는 파견을 처음 결심했을 때 어린 두 자녀에게 일 년 내내 여름인 나라로 가서 살아보는 것이 어떻겠느냐고 물어보았다. 다행히 아이들은 신나하며 찬성했고, 아내도 장기적으로 우리 가족에게 의미 있는 도전이 될 것이라고 공감해 주었다. 만약 배우자나 아이들이 이사에 부정적이라면 충분한 대화와 설득 과정이 필요하다. 새로운 환경에 대한 두려움과 기대를 함께 나누고 현실적으로 준비해야 한다. 특히 아이들은 전학과 친구 문제가 걸려 있으니 미리 새로운 학교에 대한 정보를 보여주고 긍정적인 기대를 심어주는 것이 좋다. 가족 모두가 '우리 함께 도전한다'는 마음가짐이 되어야 해외생활의 크고 작은 난관을 협력하여 헤쳐 나갈 수 있다.

안전과 치안 문제도 중요한 고려 사항이다. 가족의 안전이 최우선이므로 파견 지역의 치안 상태를 꼼꼼히 조사해야 한다. 대체로 해외파견지는 한국만큼 치안이 좋지 않은 곳도 많다. 나 역시 처음에는 경쟁률이 낮은 중동 지역 학교를 지원하려 했는데, 아내가 그 지역의 치안과 여성에 대한 문화적 제약을 걱정하여 결국 포기한 경험이 있다. 이렇게 현지 생활환경이 내 가족에게 감당 가능한 수준인지 현실적으로 따져보아야 한다. 치안뿐 아니라 병원 등 의료시설 접근성,

대기오염이나 기후 같은 환경 요인도 함께 고려해야 한다. 예를 들어 동남아는 덥고 습한 기후라 처음에는 적응이 힘들 수 있다. 나도 말레이시아의 무더위에 가족들의 건강이 걱정되었지만 다행히 큰 문제 없이 지나갔다. 그래도 '현지가 생각보다 더 덥다'는 선배들의 조언은 사실이었다. 여행자 보험이나 의료 보험도 해외에서 통용되는 것으로 미리 가입해 두는 등 만일의 상황에 대비해야 마음이 놓인다.

자녀 교육 계획도 중요한 문제이다. 아이들과 함께 간다면 자녀들의 교육 문제를 반드시 고려해야 한다. 3년 파견을 다녀오는 동안 우리 아이 공부가 뒤처지지 않을까 걱정하는 부모 교사들이 많다. 그러나 나는 오히려 현지에서만 할 수 있는 값진 배움을 아이에게 주자고 생각했다. 다행히 말레이시아한국학교에는 유치원부터 고등학교까지 과정이 있어서 내 아이들도 한국 커리큘럼대로 공부를 이어갈 수 있었다. 만약 부임 지역에 한국학교가 없다면 국제학교나 현지 학교까지 검토해야 한다. 어느 선택을 하든 아이가 공백기 없이 교육을 이어갈 수 있도록 해야 한다. 또한 새로운 환경에서 아이가 받는 스트레스를 덜어주기 위해 현지 친구들과 어울릴 기회를 만들어 주고, 한국에 있는 가족이나 친구들과 꾸준히 연락하게 하여 정서적 안정을 챙겨주는 것이 좋다. 해외파견은 놀러 가는 것이 아니라 생활하러 가는 것이라는 사실을 명심하고, 아이들이 현지에서 의미 있는 경험과 성장을 할 수 있도록 미리 준비해야 한다.

재정 계획과 초기 정착 비용 역시 반드시 고려해야 한다. 해외로 이사하려면 생각보다 초기 비용이 많이 든다. 특히 주거 마련, 차량 구입, 가구 및 생활용품 마련 등에 목돈이 들어간다. 말레이시아의 경우 나는 집을 임차하면서 월세 두 배 반에 해당하는 보증금을 선납했고, 중고차 대신 현지에서 새 차량을 구입하는 데 약 1,800만 원이 들었다. 또 집에 딸린 가구가 많지 않아 생활가전과 가구 구입비로 약 600만 원을 지출했다. 이렇게 초반에 목돈이 들기 때문에 국내에서 미리 비상 자금을 확보해 두는 것이 좋다. 마이너스 통장을 개설하거나 국내 자산을 정리하는 방식으로 여유 자금을 마련해 두어야 한다. 생활 중에도 예상치 못한 지출이 생길 수 있다. 나의 경우 현지 적응을 위해 아이들의 영어 과외비와 주말 나들이 비용 등이 추가로 들었는데, 한국에 있을 때보다 돈 쓸 일이 많았다.

급여 체계도 파견과 초빙 방식에 따라 달라지므로 재정 계획을 철저히 해야 한다. 교육부 파견은 국내 월급에 추가 수당이 붙지만, 초빙 교사는 국내 급여가 없고 현지 급여만 받기에 생활비와 물가를 반드시 따져보아야 한다. 무엇보다 현지 물가와 환율, 세금 등을 고려해 실질적인 수입이 얼마나 될지 계산해야 한다. 월급이 많아 보여도 현지 물가가 높으면 금방 지출로 사라질 수 있고, 세율이 높아 세금으로 빠져나갈 수도 있다. 말레이시아에서는 외국인 근로자 첫해에 세율 약 30퍼센트가 적용되어 월급의 3분의 1 가까이 세금으로 내야 했고, 이듬해 정산을 받기도 했다. 이런 정보를 미리 알아두고 가계부 시뮬레이션을 해보는 것이 현명하다.

건강 관리와 의료 대비는 낯선 환경에서 더욱 신경 쓸 것이 많다. 기후가 다르고 음식이나 위생 환경이 달라서 초기에 피로가 누적되거나 잔병치레를 할 수도 있다. 따라서 출국 전에 평소 규칙적인 운동과 건강 관리로 몸을 단련해 두는 것이 좋다. 나도 파견을 결심한 뒤로 매일 조깅을 하는 등 체력을 비축했고, 현지에서도 규칙적인 생활 패턴을 유지하며 건강을 챙겼다. 그리고 가족 중 지병이 있는 사람이 있다면 현지 의료 환경에서 지속 치료가 가능한지, 응급 상황 시 대처는 어떻게 할지를 조사해야 한다. 해외 병원비는 매우 비싸고 보험 적용이 어려울 수 있으니 국내에서 해외 의료비까지 보장되는 보험을 들거나 현지 보험에 추가 가입하는 것도 방법이다. 코로나19와 같은 전염병 상황에서 현지 의료 시스템이 어떻게 돌아갔는지도 파악해 두면 도움이 된다.

또 파견 중 예상치 못한 가족 경조사로 급히 귀국해야 할 일도 생길 수 있다. 나도 임지에 있으면서 국내 가족의 일을 챙겨야 하지 않을까 걱정했는데 다행히 큰 문제는 없었다. 그래도 비상시 대처 계획, 예를 들어 한국의 가족이나 친지 비상 연락망, 비상 귀국 항공권 비용 마련 등을 세워 두면 마음이 한결 편하다.

위의 사항들을 하나씩 준비하다 보면 상당한 노력과 에너지가 필요하다. 하지만 가족과 함께하는 해외생활은 그만한 가치가 있는 도전이라고 생각한다. 우리 가족의 경우 낯선 말레이시아에서 함께 지내며 더 끈끈해지고 서로를 이해하게 된 측면이 컸다. 아이들은 한국에서였다면 경험하지 못했을 다문화 환경에서 시야를 넓혔고, 새로운 친구들을 사귀며 사회성을 키울 수 있었다. 배우자 역시 처음에는 현지 생활에 적응하느라 힘들어했지만, 차츰 현지 한인 커뮤니티 활동에도 참여하고 자기계발 시간을 갖는 등 나름의 생활 패턴을 만들어 갔다. 중요한 것은 가족 모두의 열린 마음과 지원이다. 가족 구성원 각자가 새로운 환경에서 겪을 변화에 대해 서로 대화하고 격려하면서 함께 적응해 나간다면, 해외에서의 시간은 분명 값진 추억과 성장의 시간이 될 것이다.

🌐 부임 준비는 협동이 생명

교육부 서류와 면접 심사를 통과하면 합격 공문과 함께 엄청나게 많은 '해야 할 일'들이 쏟아진다. 합격 통보, 관용여권 발급, 비자 발급, 이사 준비 등 이 모든 과정을 3주 안에 다 끝냈다.

교육부에서 합격 공문을 2019년 8월 6일 자로 시행했다. 그리고 지금은 아니지만, 이때만 해도 교육부 담당 주무관이 관용여권 발급, 비자 발급을 도와주었다. 관용여권을 위해 외교부로 협조 공문을 8월 7일에 시행해 주었고, 이것과 관련 서류를 들고 구청 여권과에 가서 관용여권을 신청하고 받았던 기억이 난다. 세종시 교육부 파견 전 연수는 8월 12일이었고, 이날 처음으로 합격 동기 6명이 모였다. 이때 비자 발급과 현지에서 우리가 해야 할 미션을 하달받았고, "시간이 얼마 없다"는 이야기를 듣고 단체 채팅방에서 타임라인을 잡아 해야 할 일들을 정리했다.

가장 중요한 것은 관용여권 발급과 싱글 엔트리 비자를 받는 일이었다. 시간이 부족해서 전남과 경남에 사시는 분들은 비자 발급을 위해 서울 이태원까지 올 시간이 되지 않았다. 그래서 대전의 부장님이 다른 분들의 서류를 받아 출입국관리사무소를 거쳐 주한 말레이시아 대사관에서 엔트리 비자를 받을 수 있었다. 이와 같은 협력이 없었다면 시일 내에 일을 처리하기가 거의 불가능했을 것이다.

⊕ 이삿짐 싸기

처분하기 아까운 가구, 아이들 옷은 이웃들에게 나누고, 나머지는 현지에서 버리자고 마음먹었다. 백령도 관사 짐과 원래 집의 이삿짐, 그리고 아끼던 자동차도 모두 처분해야 했다. 여기서 배운 것은 '최적 멈춤'이다. 시간이 없으니 헐값으로라도 팔거나, 아니면 지인들에게 그냥 나누어 주어야 했다.

잊고 있었던 물건은 버리는 게 낫지만, 판단이 서지 않는다면 들고 가서 버리자. 버릴지 말지 판단하는 것 역시 시간과 에너지가 든다. 모르겠으면 통째로 들고 간다는 마음으로 정리를 했다. 물건 처분 방법을 두고 너무 고민하지 않기를 바란다. 시간은 그 무엇보다 소중하기 때문이다. 1년간 4번 이상의 이사를 겪으면서 소중한 것이 무엇인지 알게 되었다. 바로 '시간'과 '사람'이다.

🌐 말레이시아 생활 세팅하기

현지 생활의 시작은 학교 출근과 집 구하기였다. 교장선생님과 행정실에서 현지 생활 안내서를 다음과 같이 직접 만들어 주셔서 현지 정착에 큰 도움이 되었다.

① 입국 준비

한국/국제 운전면허증, 여분 안경(한국 안경이 좋음), 여름옷 + 실내 추위 대비 가디건,

노트북·휴대폰 등 가전제품(말레이시아는 종류가 다양하지 않고 비싼 편임), 여행자보험

② 말레이시아 입국

KLIA1: 대한항공/말레이시아항공, KLIA2: 에어아시아 / 시차 1시간

전자입국신고서: https://imigresen-online.imi.gov.my/mdac/main?registerMain

짐 운반 부탁은 절대 거절(마약 규제 강함), 술 1L·담배 1보루 면세

③ 입국 직후(1일 차)

220-240V, 3핀 콘센트 → 컨버터 필요

식사는 치킨라이스·나시고랭 등이 무난함

④ 주택 구하기

거주 추천 지역(학교 근처): Cyberjaya

한국인 선호 지역: Mont Kiara, Subang

주택 유형: 콘도(수영장·헬스장 등), 링크하우스(단독주택 형태)

Deposit 2개월 + 선불 1개월 / 계약은 보통 1+1년 또는 2+1년

관리비는 집주인 부담

⑤ 이동 수단

운전 필수 국가. 국제운전면허증 반드시 지참. 첫 달은 렌트나 카셰어링 추천

장기적으로는 중고차 또는 새 차 구매가 경제적임

택시는 Grab 사용(저렴·편리)

기름값: 외국인 리터당 2.6링깃

⑥ 통신(핸드폰)

한국 휴대폰 사용 가능

선불 유심(Prepaid) 추천: Maxis 많이 사용, 여권만 있으면 개통 가능

⑦ 워킹비자·가족비자

입국 후 학교 행정실에 서류 제출 → 말레이시아 이민국 발급

필요 서류: 여권 파일, 여권 전체 복사, 최종 학위증 공증, 영문 이력서 등

가족: 결혼·가족관계증명서 영문 번역·공증 필수

⑧ 은행계좌 개설

급여 지급용 계좌: MayBank 사용

워킹비자 발급 후 개설 가능, 여권·비자·학교 확인서 필요

⑨ 환전

쇼핑몰 환전소, exk 카드 등이 있음

주택 계약금(보증금+선불), 차량 렌트/구입, 초기 생활비 준비 필수

⊕ 집 구하기 + 좋은 집주인 만나기

말레이시아는 '디파짓(보증금)' 제도가 있어 출국 후 집주인들이 여러 이유를 대며 디파짓(월세 2달 치)을 안 주는 경우가 있다고 한다. 집을 파손하고 가거나 공과금을 내지 않고 가는 상황을 대비한 제도이지만, 반대로 집주인이 여러 사유를 들어 디파짓을 돌려주지 않는 사례도 있다.

뽑기 운이긴 하지만, 지역에서 오래된 부동산 에이전트라면 집주인에 대한 정보를 갖고 있다. 집주인이 다른 임대차 계약에서 세입자들을 어떻게 대했는지, 어떤 이력이 있는지를 에이전트를 통해 미리 들을 수 있다. 필자도 이러한 이유로, 일찍 이사할 수 있었음에도 집주인이 에어컨 설치를 해 주지 않으려 해서 계약을 파기한 적이 있다.

첫 번째 집주인을 잘 만난 덕분에 코로나 시절에는 한 달치 월세도 약 30만 원 정도 깎을 수 있었다. 다음 집 주인도 이웃집의 소개로 알게 되었고, 에이전트를 통하지 않고 직접 계약하면서 초기 제안보다 월 30만 원 정도 더 저렴하게 계약할 수 있었다. 말레이시아를 출국하는 날에는 말레이시아 전통 의상도 선물로 받았다. 집주인과 좋은 관계를 유지한 비결은 다음과 같다.

주택은 수리해야 하는 일들이 많다. 시설 유지 관리는 보통 집주인이나 중개인에게 연락하면, 집주인 혹은 중개인이 아는 인부를 불러 와서 고쳐 준다. 그 인부를 contractor라고 부른다. 이 외에도 주택은 관리할 것들이 많다. 나중에 2.5달 치 월세가 보증금으로 잡혀 있기 때문에, 기분 좋게 돌려받으려면 집주인과 좋은 관계를 유지하는 것이 좋다.

10~20링깃이면 갈 수 있는 소모품 교체 정도를 두고 매번 집주인에게 연락하지 말자. 개인적으로는 100링깃을 넘기는 중대한 사안이 아니면 연락을 자주 하지 않는 편이다. 이들은 이 집 말고도 여러 집을 갖고 있거나, 다른 사업을 하는

경우가 많다. 즉, 관리하는 것을 귀찮아한다. 바쁜 집주인의 심기를 자주 건드리지 말고 자체 수리가 가능한 것들은 직접 해결하고, 결과만 간단히 알려주는 정도가 좋다.

참고로, 집주인과 좋은 관계를 유지하고 있었기에 MCO 기간 동안 월세를 900링깃이나 깎을 수 있었다. 그리고 집주인이 좋아할 만한 '집 관리 관련 뉴스'를 틈틈이 제공하는 것도 도움된다. 예를 들어 "잔디를 새로 깔았다", "에어컨을 청소했다" 등 집 관리를 잘하고 있음을 보여 주면, 집주인에게 '매력적인 세입자'라는 인식을 줄 수 있고, 내년 계약 갱신에서 유리한 지위를 가져다 줄 객관적 근거가 된다.

🌐 이웃들과 잘 지내기

이웃은 세입자일 수도 있고, 집주인일 수도 있다. 집주인들 사이에는 커뮤니티가 있고, 이 커뮤니티 내에서 세입자에 대한 이야기들도 오고 간다고 한다. 집주인들은 대체로 한국인을 선호한다. 제때 돈을 내고 집을 깨끗하게 쓰기 때문이다.

우리 가족은 집주인은 물론 이웃 중국계 · 인도계 사람들과도 가깝게 지냈다. 나는 커뮤니티 내 중국계 사람들과 마라톤을 함께 했고, 아내는 커뮤니티 여자 사교 모임에 초대를 받아 인도계 · 중국계 행사에 참석했다. 한국어를 배우고 싶어하는 말레이시아 아이들에게 한글을 가르쳐 주기도 했다. 이러한 모든 네트워킹을 옆집이자 커뮤니티 장인 Ice가 주선해 주었다.

⊕ 자동차 구입하기

그랩은 바쁜 아침 출근 시간대에는 잘 잡히지 않아 늘 조마조마했다. 말레이시아는 중고차 가격이 잘 떨어지지 않고, 보험료와 기름값도 저렴해 그랩을 계속 이용하는 것보다 차를 소유하는 것이 기간이 길어질수록 더 저렴해진다.

말레이시아에서 정신적 지주였던 발령 동기 김부장님과 나는 자동차도 함께 보러 다녔다. 자동차에 관심이 많았던 나는 이번에는 꼭 도움을 드리고 싶었다. 크게 도움이 되었다고 할 수는 없지만, 결론적으로 우리는 같은 색상, 같은 옵션, 같은 모델의 차를 계약했다. 중고차 시장에서 가장 선호되는 흰색, 중간 옵션의 국민차 Alza 모델을 선택했다. 자동차는 계약 후 한 달 정도 기다려야 한다고 해서, 아내는 한국 업체 차량을 렌트했고 그 차가 우리 네 가족과 부장님의 '발'이 되어 주었다.

⊕ 말레이시아의 의료

말레이시아 생활 3개월 차, 아들이 놀이터에서 놀다 떨어져 팔이 부러지는 일이 있었다. 차로 1시간 떨어진 암팡(Ampang)의 글렌이글스 병원에 갈 수 있었다. 암팡 글렌이글스는 한국 대사관과 자매결연이 되어 있어 한국인 코디가 있다. 손목 부분 팔뼈 끝이 부러져 핀을 삽입하는 수술을 했고, 제거는 비절개 수술로 성공적으로 마무리되었다. 이틀 입원과 2번의 마취 수술, 총 비용은 약 300만 원 정도 나왔고, 여행자보험으로 대부분 환급받았다.

한국과 마찬가지로 치과에서 스케일링과 충치 치료를 받았고, 코로나 검사나 일반적인 내과 진료는 클리닉(clinic)이라 부르는 동네 의원에서 진료받은 뒤 처방전을 약국에 가져가 약을 구입했다. 항생제는 반드시 처방전이 있어야 한다.

🌐 말레이시아의 치안

코로나로 활동이 제한되던 시절, 유일하게 허용된 것은 산책이었다. 그래서 아이들과 새벽에 산책을 자주 나갔다. 집 주변 말고 좀 더 넓은 공원에서 산책을 하다가 아들을 잃어버린 적이 있다. 총 20km 길이의 공원이어서 찾는 일이 쉽지 않았다.

당황해하는 우리 부부의 상황을 알아챈 말레이시아 사람들이 다가와 무슨 일이냐고 물었고, 사정을 설명하자 자전거를 빌려 타고 아들을 찾아 주었다. 기념으로 다 같이 인증샷도 찍었다. 말레이시아 사람들은 함께 사진 찍는 것을 좋아한다. 다행이었던 것은, 아들을 잃어버린 곳이 행정수도 푸트라자야(Putrajaya)라 대부분의 말레이시아 사람들이 국가 중앙부처 공무원들이었다는 점이다.

말레이시아는 전반적으로 치안이 안전하다. 다른 동남아시아에 비해 빈부격차가 극심하지 않고 하층민을 위한 다양한 경제 정책이 있어 노숙자나 구걸하는 사람을 찾기 힘들다. 전반적으로 말레이시아 사람들은 정이 많고 친절하다. 우리나라 정서와 비슷하게 아이들, 노인들에게 친절하고 K드라마, K팝 덕분에 한국 사람들을 좋아한다. 다만 외국인 노동자나 여행객 등 다양한 사람들이 오고 가는 나라이기에 항상 조심해야 한다.

🌐 우리 가족 해외생활, 한 번 더 고려할 것들

해외파견은 가족 모두가 함께 참여하는 결정이기 때문에, 출국 전 충분한 대화와 동의가 필요하다. 새로운 환경에 대한 두려움과 기대를 솔직하게 나누고, 왜 해외에서 생활하려는지 목적과 기대 효과를 공유하는 과정이 우선되어야 한다. 가족 전체가 "함께 도전한다"는 마음을 갖고 있어야 이후 생활에서 생기는 크고 작은 어려움을 협력하며 넘을 수 있다.

가족과 함께 나갈 경우 가장 우선해야 할 요소는 '안전'이다. 파견 지역의 치안 상태가 가족이 감당할 수 있는 수준인지 미리 확인해야 한다. 해외의 경우 한국만큼 안전하지 않은 곳도 많기 때문에, 생활권 주변의 사건·사고 빈도, 외국인을 대상으로 한 범죄 위험성 등을 조사할 필요가 있다.

해외파견은 초기 비용이 크게 발생한다. 주거 임차 보증금, 생활가전·가구 구입, 차량 렌트 또는 구매 비용 등 목돈이 한꺼번에 나가기 때문에 국내에서 미리 현금 흐름을 확보해 두는 것이 필수적이다. 말레이시아의 경우 월세 보증금과 선불금, 차량 구입, 가전·가구 비용이 상당했고, 자녀 교육비나 현지 적응 과정에서 발생하는 추가 비용도 만만치 않았다. 월급뿐 아니라 현지 물가, 세금, 환율 등을 반영한 '실질 소득'을 꼼꼼히 계산해야 한다.

해외 생활 초기는 낯선 기후와 식습관 때문에 피로가 누적되거나 잔병치레가 생기기 쉬워, 출국 전부터 규칙적인 운동으로 체력을 다져 두는 것이 유리하다. 현지에 도착한 뒤에는 생활 리듬을 안정적으로 유지하고, 수면·식사를 규칙적으로 하며 가족의 건강 상태를 꾸준히 점검해야 한다. 가족 중 기저질환자가 있다면 현지 병원에서 지속적인 치료가 가능한지 사전에 확인해야 하며, 응급 상황 시 이동 가능한 병원 위치와 시스템을 반드시 파악해 두어야 한다.

무엇보다 중요한 것은 가족 모두의 열린 마음과 상호 지원이다. 가족 구성원 각자가 새로운 환경에서 겪을 변화를 두고 서로 대화하고 격려하면서 함께 적응해 나간다면, 해외에서의 시간은 분명 값진 추억과 성장의 시간이 될 것이다.

PART 4

귀국 이후의
이야기

프랑스 ✈ 김병수 선생님

⊕ 귀국 이후의 이야기

프랑스 학교에서 파견 생활 3년, 한국에 돌아와서 내가 가장 먼저 했던 일은 무엇일까? 가장 먼저 아빠기 주도히는 미을 교육 공동체를 만들었디. 프랑스 사회에서 해외파견을 통해 가족과 온전한 시간들을 보낼 수 있었다. 가족 중심 문화를 경험하고 나서 이 문화를 더욱더 많이 알리고 다른 분들과 또 함께하고 싶었다.

세상에서 가장 중요한 일, 가장 소중한 것은 무엇일까? '가족'이었다. 같은 시대를 살아가는 아빠들끼리 의미 있는 행동을 하고 싶었다. 그래서 지역 아빠 모임을 만들었다. 서로 다른 직종의 아빠들끼리 재능 나눔을 하는 모임이었고, 적어도 주말에는 아빠들이 자녀와 함께하자는 모임이었다. 신청자는 넘쳐났다. 한국 사회에서 자녀 교육에 관해서 자연스럽게 이야기하는 모임을 만들고, 또 재능 나눔으로 아이들에게 다양한 경험을 시켜 주는 모임을 만들고 싶었다.

세상에 태어나서 가장 잘한 일 중 하나라고 생각할 정도로 지금은 이 아빠 모임이 삶의 중심이 되었다. 학원이나 학교는 해가 바뀌면 단절되는 아쉬움이 있었다. 그래서 태어날 때부터 아이들이 성인이 될 때까지 이어지는 모임을 만들고 싶었다. 아이들 생일을 다수의 아빠들이 함께 챙겨 주고, 좋은 일·슬픈 일이 있을 때 함께 나누었다. 무엇보다 커 가는 자녀 교육에 궁금증이 있거나 고민이 있을 때 함께했고, 주말에는 서로 다른 재능 나눔으로 모임은 더욱 풍성해졌다.

다음으로 한국에 와서 내가 고민했던 일은 다름 아닌 나의 진로였다. 어떤 교사가 되어야 할까, 교직 생활을 돌아보며 어떤 삶을 살고 싶은지, 직장 안에서 나의 역할에 대해서 고민하기 시작했다. 그 결과 내가 가장 많은 시간을 쏟고 싶은 것의 방향을 잡아 나갔다.

하나는 진로 교사였다. 진로 교사가 되어 학생들에게 내가 경험했던 것들을 함께 나누고, 학생들의 길잡이 역할을 하는 게 교사로 가장 보람된 역할이란 생각이 들었다. 그래서 진로진학상담 대학원에 입학했고, 현재는 진로 교사를 준비 중이다. 내가 하고 싶은 일, 잘할 수 있는 일, 재미있게 하고 싶은 일에 내가 가진 에너지를 쏟고 싶다는 생각을 했다. 즐거움과 의미를 추구하는 '나'라는 걸 프랑스 생활 3년 동안 누구보다 잘 발견할 수 있었기 때문이었다.

그리고 교직에 있는 동안이 아니라 교직 이후에도 이어져서 복리의 마법을 가져오는 일은 무엇일까? 이 질문에 대해서 고민했었다. 이 안에서 찾은 나의 대답은 다음 두 가지다.

첫 번째는 교육 크리에이터다. 교육 기자로, 교육 유튜브 채널 운영자로, 작가로, 교구 개발자로 콘텐츠를 만드는 일을 계속해 나가고 있다. 진로 교사가 된다면 진로 관련 콘텐츠를 많이 만들고 싶다. 현재는 꿈을 꾸는 사람들을 인터뷰하는 '꿈터뷰'를 진행 중이다. 다양한 곳에서 꿈을 꾸며 사는 사람들의 이야기를 세상에 널리 알리고 싶다.

두 번째는 국제교류다. 프랑스 복귀 후에도 프랑스와 인연을 계속 이어 나가고 싶었다. 프랑스어 공부를 계속하고 프랑스에 문을 두드려, 지금도 프랑스와 국제교류를 지속하고 있다. 국경 없는 교육, 서로의 교육을 존중하고 장점들을 각 문화 상황에 맞게 융합하는 일, 학생 · 교사 · 이웃과 함께 국경 없는 교육을 함께하고 싶다.

마지막으로 내가 하고 싶었던 것은 재능 나눔이었다. 해외파견 시험을 준비하면서 어떻게 준비해야 할지 몰라 막막했던 시간들이 있었다. 그래서 해외파견 및 초빙 국제교류를 준비하는 선생님들에게 재능 나눔을 하기 시작했다. 처음에는 소수의 사람들에게 하려고 했던 재능 나눔이 확대되어, 지금은 전국 단위의 '조금씩 매일 꾸준히 꿈을 꾸는 사람들'의 모임인 '조매꾸 드림 스쿨'도 만들게 되었다. 함께 꿈을 꾸고 서로의 경험을 나누며 함께 성장해 나가고 있다.

🌐 해외 근무로 얻은 것들

많은 분들이 물어보신다. "해외파견 가면 무엇이 좋아요?" 이제부터 내가 경험했던 장점들을 말해 보겠다.

첫째는 월급을 받으며 직업을 유지한 채 가족들과 해외살이를 해보는 것이다. 해외에서 살고 싶은 로망이 있는 사람들, 가족들과 새로운 경험을 해보고 싶은 사람들에게 해외파견은 또 하나의 기회이다.

둘째는 교육부 파견의 경우 승진 가산점이 있다.

셋째는 자녀의 다양한 경험과 외국어 능력 향상이다. 이것이 무엇보다 제일 강력한 무기라고 생각한다. 해외파견이나 초빙을 경험한 많은 분들을 만나면 공통적으로 이야기하는 것이 있다. 자녀의 어학 능력 향상이다. 물론 이것도 파견지에 따라서, 또 근무지에 따라서 해당되지 않는 경우도 있을 수 있다. 하지만 나의 경우에는 프랑스에서 3년 있었기 때문에 자녀의 어학 능력 향상 및 나 또한 프랑스어 능력이 향상될 수 있었다. 그리고 가족 문화 경험 확대 또한 해외파견이 주는 소중한 선물이었다.

넷째는 나에 대한 진지한 탐색이다. 해외에 있으면서 이전까지 생각하지 못했던 본질적인 물음들을 던졌다. 한국과는 단절된 상황이기에 한국에서 오는 전화는 없었고, 나에 대해서 더욱더 몰입할 수 있는 시간들이었다.

다섯째는 세상을 바라보는 시선의 넓이와 깊이가 달라졌다는 점이다. 삶을 살아가는 태도도 달라졌다. 프랑스와 필리핀, 그리고 최근의 일본까지 다양한 나라의 교육 현장들을 경험하며 조금 더 유연한 사고를 가지게 되었다. 예전에는 유럽 하면 먼 나라처럼 느껴졌는데, 유럽에서 3년간 살다 보니 이제는 유럽이 가깝게 느껴지게 되었고 외국인 친구들도 사귈 수 있게 되었다.

⊕ 나만의 수업, 나의 가족, 나의 세계

| 나만의 수업

해외파견을 다녀오고 나서 한국에 와서 느낀 점은, 한국 선생님들의 전문성은 정말 대단하다는 것이다. 특히나 에듀테크를 활용한 수업 적용 능력, 끊임없이 자기계발하고 학급 경영까지 힘쓰시는 점 등 배울 점이 한가득이다.

예전에는 '어떻게 하면 수업을 잘 이끌어 갈 수 있을까'에 대해 고민을 많이 했었다. 어떻게 수업을 진행하고, 어떻게 학생들에게 설명하면 좋을지에 대해서 말이다. 그런데 필리핀과 프랑스, 일본 등 다양한 학교를 경험하고 나서 느낀 점은, 학생들이 스스로 문제를 해결할 수 있도록 안내자 역할을 하는 점이 중요하다는 것을 깨달았다.

교사 중심의 수업이 아니라 학생 중심의 수업을 만드는 것. 프랑스의 경우 교사의 질문 단 하나로 수업이 완성되는 것을 보았다. 학생들의 잠재력을 끌어내고, 학생들이 스스로 문제에 대해서 고민하고 스스로 문제를 해결해 나가는 과정을 거치며 학습의 즐거움을 알게 하는 것, 그것을 어떻게 하면 좋을지 끊임없이 고민 중이다.

나의 가족

부모가 자녀에게 해줘야 할 역할은 무엇일까? 교사 아버지인 내가 자녀들을 위해 할 수 있는 일 중 하나의 선택지가 바로 해외파견이었다. 자녀에게 깊고 넓은 경험을 하게 해 주는 것, 그것이 나의 선택이었다.

그리고 한국에 와서 자녀의 다양한 경험의 기회를 제공하기 위해 만든 것이 바로 지역 마을 교육공동체였다. 프랑스에서 3년 생활을 하고 나서 많은 생각이 바뀌었다. 자녀 또한 부모와 평등한 하나의 인격체이고, 자녀들의 독립성과 자유를 존중해 주어야 한다는 점이다. 서로의 선택을 존중하며 따뜻하게 응원해 주기.

프랑스에서 힘든 순간이 있음에도 잘 버티고 3년간 근무할 수 있었던 힘은 무엇일까? 바로 가족이 함께했기 때문이다. 함께 성장하며 서로를 지탱하고 응원해 주는 가장 따뜻한 안식처가 가족이라는 사실을 다시금 깨닫는다.

나의 세계

'조매꾸.' '조금씩 매일 꾸준히'의 줄임말이다. 특별한 능력이 없지만 성실함 하나만큼은 자신 있다. 그래서 내 별명을 내 스스로 '조매꾸쌤'이라고 지었다. 조금씩 매일 꾸준히 복리 습관을 만들고, 꿈을 꾸는 사람들을 인터뷰하며 나 또한 꿈을 키워 나가고 싶다.

교사가 된 후에도 계속해서 꿈을 이어 나갔다. 시인, 한국어 교사, 축구 기자, 해외파견 교사, 마을 교육공동체 설립, 유튜버, 교구 개발자, 작가, 국제 교류, 조매꾸 드림 스쿨 운영. 앞으로도 꾸준하게 성실한 삶을 살아가고 싶다.

내가 가진 것에 감사하고 내가 가진 것을 나눌 줄 아는 사람이 되어, 교육 크리에이터로 국제교류를 실천하며 국경 없는 교육을 실천하고 싶다.

🌐 이 길을 준비하는 선생님들께 드리는 마지막 한마디

특별한 재능이 없는 내가, 전국에 1명 선발하는 해외파견 시험에 운이 좋아 합격했다. 시험을 준비하며 행복한 상상을 했다. 지금과는 또 다른 세계 안에 나를 던져 두는 일, 설렘이 있는 하루로의 초대.

이 길을 준비하는 선생님들께 말씀드리고 싶은 건, 결국 해외파견의 합격을 결정하는 건 '운'이라는 것이다. 그렇지만 그 운을 끌어당기기 위해서는 철저한 전략이 필요하다. 준비가 필요하다. 조매꾸 정신이 필요하다.

모든 것은 연결되어 있고, 그 연결된 것들이 모여서 쌓이고 쌓여 결국에는 해외파견으로 가는 두꺼운 문을 열게 할 것이다. 조금씩 매일 꾸준히 노력한다면 분명 좋은 결과가 있을 거라고 믿는다.

도전하는 사람은 그 얼마나 아름다운가! 꿈을 가진 사람, 그 꿈을 위해 노력하는 사람은 그 얼마나 아름다운가!

파라과이 ✈ 장미림 선생님

　나는 꿈을 꿀 때, 간절히 바라고자 하는 바를 오랫동안 생각하다 그 이미지가 그림처럼 선명해지면 다음 스텝을 시작한다. 파견을 또 가고 싶은데 그럴 수 있는 방법이 무엇일까 고민하면, 그것이 내 생각의 응결핵이 되어 그것을 중심에 두고 세상이 돌아간다. 우선 하루에 충실하되, 내가 외국에서 자극받고 영향받은 일들을 일상에도 연결하고 싶었다.

　그 하나는 언어다. 파라과이는 스페인의 지배를 받아 스페인어를 공식 언어로 사용했다. 물론 가기 전에는 알지 못했지만, 가면서 인터넷 강의 관련 책도 많이 사갔고, 도착해서는 현지인에게 과외도 많이 받았다. 무엇보다 행정실 현지 직원들이 교포 자녀이다 보니 스페인어가 모국어로 매우 능통했고, 그들과 대화하고 일상생활을 하고 여행을 하며 스페인어에 3년간 노출되어 있었다. 남편은 영어 관련 일을 하는 사람이었는데, 영어가 통하지 않는 세상에 가서 적잖이 놀란 모양이다. 나만큼은 아니지만, 그도 열심히 학원도 다니고 나와 함께 과외도 받았다.

　돌아와서 스페인어를 잊고 싶지 않아 한국에서 스페인어 학습지나 프로그램을 많이 경험했다. 말하고 싶은데 말할 사람이 없어 동네 스페인어 언어 교환 모임이나 과외 선생님을 수소문해 '종이의 집(La casa del papel)'이라는 스페인 드라마로 공부했다. 그러던 차에 우리 교육청의 교육연구정보원에서 영상 제작 공모를 했고, 두 명이 함께 유튜브처럼 진행하는 재밌는 콘셉트로 스페인어를 가르치면 어떨까 해서 지원했다. 첫 해에 뽑혀서 15차시 기초편 강의를 촬영했고, 그 다음 해에도 선정되어 15차시 여행 스페인어 강의 제작도 후속으로 진행했다.

어느 날 교육부에서 연락이 와, 미국이나 해외 여러 국가에 교육부 파견 후 귀국한 분과 함께 중앙교육연수원에서 제공하는 파견기 연수도 촬영한 적이 있다.

그곳에 있는 동안의 영향력이 사라지기 전에 다음 기회를 잡고 싶었으나, 기회가 쉽게 오지 않는다는 것을 알기에 좀 더 가능성을 높일 수 있는 방법을 고민하기 시작했다. 재외학교 말고 교육문화원에 관한 공고가 보이던데, 무슨 일을 하는지는 누구보다 내가 잘 알았다. 교육 대상이 다르다. 재외국민의 자녀를 대상으로 하면 재외학교이고, 현지 외국인을 대상으로 한국어와 한국 문화를 알리는 것이 교육문화원이다. 한국어 교사는 현지어에 능통해야 해서 주로 현지에서 한국어 교수 능력을 인정받은 자가 현지 채용된다. 그래서 따로 한국에서 파견 교사를 뽑는 경우는 흔치 않다. 그런데 교육원장이나 부원장은 교육부 파견이 되더라. 아, 그럼 이쪽으로 도전해볼까? 그런데 관리자가 되지 않으면 일반 교사에게는 기회가 올 수 있는 구조가 아니었다. 그래서 자연 승진이 어렵다는 점을 깨닫고, 나는 전문직을 준비해야겠다고 생각했다.

박사 학위 없이 교육부 연구사 시험을 보는 것이 영향이 있다는 사람도 있고 없다는 사람도 있지만, 교육부는 교대 졸업과 동시에 석박사를 마치고 30대 중반에 바로 시험을 보는 것이 정석처럼 보였다. 하고 싶은 공부가 정확치 않은 상황에서 교육부 연구사 시험을 위해 박사를 시작하는 것은 시간과 경제적으로 리스크가 컸다. 그렇다면 우리 지역에서 도전해봐야겠다고 생각했다.

공부 중에 2022년 11월 학습연구년 공고가 났고, 정책 연구 파트에서 미래교육정책연구소에 파견되어 교육정책을 연구할 수 있는 과제가 생겼다. 너무 하고 싶었고 도전하여 합격했다. 연구소에서 보낸 1년은 나의 두 번째 '인디안 썸머'라 할 만큼 내 인생의 터닝포인트가 된 소중한 시간이었다. 이 이야기만 하더라도 오늘 하루를 지새울 수 있겠지만, 파견에 집중하자!

우리 도는 학습연구년 기간만큼 전문직 시험이 제한되어 2023년에 학습연구년 1년을 보내고, 2024년 학교로 돌아가 학교 생활을 열심히 하다가, 2025년 5월에서 6월 기나긴 전문직 시험을 지나 지금은 합격 후 발령 대기 중이다.

모르겠다. 누군가는 승진을 위해 전문직을 준비했을 수도 있고, 행정업무가 좀 더 적성에 맞아 더 잘하는 일을 찾아가는 과정에서 준비하는 분도 있다. 나도 나만의 이유가 있었다. 나는 나의 n번째 해외파견을 위해 가능성을 높이는 중이다. 챕터 1에서부터 꾸준히 말하고 있지만, 중요한 것은 내 일상에서 충실하게 교육과 업무의 전문성을 획득하는 것이 다음 단계의 발판이 된다는 것이다.

어떤 목표를 크게 두고 그 방향으로의 진전은 매우 바람직하다. 하지만 그것을 위해 현재 내 할 일을 소홀히 여기는 것은 좋은 결과를 가져오지 않을 수 있다. 학습연구년, 전문직, 돌봄연구사, 해외파견 모두 동료나 관리자의 평가가 당락을 결정하는 부분이 있다. 내 동료는 모두 안다. 내가 진심으로 지금 이 자리에서 열심히 하는 사람인지, 지금 자리에서보다 조금 더 나아가도 되는지, 그러면 안 되는지를. 내가 주변에서 본 수많은 성공의 기록들은 모두 성실함을 담보로 주변에 양보하고 희생하며 사람을 소중히 여긴 분들에게서 보았다. 꿈을 꾸되, 지금 이 순간을 소중히 여겼으면 좋겠다.

나는 꿈을 꾸고 그 꿈을 실현시키는 자다. 당신의 가슴 속에는 뜨거운 목표와 열정이 있을 것이다. 몰두할 수밖에 없는 간절한 무언가가 있는 상황은 너무 행복하다. 건강을 신경 쓰고, 가족과 내 학생들을 사랑하고, 동료들에게 잘하면서 지내자. 당신은 합격할 수 있다. 내가 소개한 대로 서류를 만들며 고민하고, 그 진심을 말로 표현하고, 기다리면 합격 공문을 받을 수 있을 것이다. 나는 당신의 합격과 파견 후기를 들으며 행복할 것이다. 꼭 들려주길 바란다. 기다리겠다.

🌐 아이들의 말

지금도 아이들은 종종 이렇게 말한다.

"엄마, 선양에 있을 땐 주말마다 특식도 해주고, 자주 놀러도 갔는데 한국에 오니 엄마가 매일 바빠서 특식도 안 해주고, 잘 안 놀아줘요."

이 말에 웃음이 나면서도 마음 한구석이 뭉클해진다. 한국에 돌아와 바쁘게 살아가는 지금과 달리, 중국에서의 시간은 아이들과 함께 보내는 시간이 훨씬 더 많았다. 그 시절의 넉넉한 하루하루가 아이들의 기억 속에 여전히 남아 있다는 사실이 내게는 큰 위로가 된다.

🌐 탁구장에서의 만남

중국에서는 딸들과 함께 현지 탁구장에서 땀을 흘렸다. 중국인 코치님에게 지도를 받으며 라켓을 휘두르다 보니, 생각보다 강도 높은 훈련에 몸이 따라가지 못해 인대가 늘어나 치료를 받으면서도 운동을 이어가야 했다. 힘든 순간도 있었지만, 그만큼 성취감 또한 컸다.

무엇보다 잊을 수 없는 건 탁구 동호회에서의 만남이다. 한국인, 중국인, 조선족이 함께 어울리던 그곳은 새로운 인연의 장이었다. 나는 부산 억양 때문에 조선족분들에게 종종 같은 조선족인 줄 오해를 받기도 했다. 3년 동안 탁구를 배우며 몸은 더 건강해졌고, 다양한 사람들과의 교류 속에서 마음은 덜 외로웠다.

🌐 함께한 여행의 기억

아이들과 함께 연변, 백두산, 하얼빈, 영구(잉커우) 등 여러 곳을 여행한 것도 큰 추억이다. 코로나가 아니었다면 더 많은 곳을 다닐 수 있었겠지만, 오히려 다녀온 곳이 적었기에 그 기억은 더 선명하고 소중하게 남았다.

아이들과 함께 바라본 풍경과 웃음소리는 지금도 생생하다. 특히 연변의 '공룡왕국 놀이동산'은 아이들에게 가장 깊은 인상을 남겼다. 시간이 꽤 흘렀지만, 아이들은 여전히 그곳을 다시 가고 싶다 말한다. 그래서 올해나 내년에는 꼭 다시 데려가고 싶다.

나에게 가장 큰 감동을 준 곳은 백두산 천지였다. 책에서만 보던 풍경을 눈앞에서 마주했을 때, 웅장함과 위대함이 밀려와 알 수 없는 희망과 더 큰 용기를 주는 기분이 들었다. 그 순간은 평생 잊을 수 없는 선물 같은 기억으로 남아 있다.

🌐 이어지는 중국과의 인연

큰딸은 한국에 돌아온 뒤에도 중국인 선생님과 텐센트를 통해 중국어 공부를 이어가고 있다. 학교에서도 중국 학교와 국제교류에 참여했고, 얼마 전에는 하얼빈 국제교류 프로그램에도 다녀왔다. 현지 음식을 메이투안(美团外卖)에서 주문해서 시키고, 타오바오(淘宝) 물건을 잔뜩 사 오는 모습을 보며 '정말 현지인 다되었구나'라는 생각에 웃음이 났다.

작은딸 역시 중국인 선생님과 꾸준히 공부 중이다. 아주 어린 나이에 중국에 갔던 덕분에 발음은 또래보다 훨씬 뛰어나지만, 어휘력은 큰딸만큼 넓게 확장되진 않았다. 그래도 두 딸 모두 중국에서의 시간이 언어와 경험의 큰 자산이 되었다. 특히 초등 1학년 무렵 중국에 간 큰딸은 언어 습득에서 큰 혜택을 본 듯하다.

나 또한 귀국 후에도 중국과의 인연을 이어가고 있다. 2023년부터 지금(2025년)까지 중국 학교와 온라인·대면 국제교류를 꾸준히 이어 오고 있으며, 국제교류 현장지원단으로 활동하면서 교류에 어려움을 겪는 선생님들께 컨설팅을 제공해 오고 있다. 중국에서의 경험은 단순한 추억을 넘어, 지금의 내 삶과 일상 속에 뿌리 깊은 자산으로 자리하고 있다.

해외파견을 마치고 한국 교육 현장으로 돌아온 지금, 나는 그동안의 경험을 토대로 국제교류 활성화에 힘쓰고 있다. 해외 근무 시절 체득한 다문화 이해와 글로벌 협력 경험을 바탕으로, 학생들이 세계와 소통하는 기회를 넓히는 데 주력하고 있다. 실제로 온라인 화상수업, 자매학교 연계 프로젝트, 다국적 문화교류 활동 등을 운영하며 학생들이 다양한 문화적 배경을 존중하고 세계시민으로 성장할 수 있도록 돕고 있다. 이러한 활동은 단순히 언어 교육을 넘어 학생들이 글로벌 감각과 공동체 의식을 동시에 키우는 데 기여하고 있다.

앞으로의 목표는 다시 한 번 해외파견이나 초빙의 기회를 얻어 더욱 전문적이고 체계적인 교육을 실천하는 것이다. 특히 한국에서 취득한 한국어교원자격증을 활용해, 현지 학생들에게 한국어를 단순한 의사소통 수단이 아닌 언어·문화 융합 교육으로 지도하고자 한다. 한국어를 배우는 학생들이 한국 사회와 문화를 깊이 이해하며 글로벌 소통 역량을 확장할 수 있도록 지원할 것이다.

또한 국내에서 연구·실천해 온 다양한 에듀테크 기반 수업을 현지 교육 현장에 적용하여, 학생 맞춤형 학습과 창의적 문제 해결 능력을 키울 수 있도록 할 계획이다. AI·디지털 코스웨어, 온라인 협업 툴, 인터랙티브 학습 자료 등을 활용해 학생들이 미래형 학습 환경에서 주도적으로 배우는 경험을 제공할 것이다. 이는 한국 교육의 경쟁력을 세계 속에 알리는 동시에, 현지 교육 발전에도 실질적으로 기여할 수 있는 길이라고 생각한다.

장기적으로는 이러한 경험을 바탕으로 한국 교육의 국제적 위상을 높이고, 국내외 교육 현장에서 지속 가능한 국제교류 모델을 구축하는 것이 목표이다. 다시 말해, 학생들이 국경을 넘어 협력하고 배움으로써 진정한 세계시민으로 성장할 수 있도록 돕는 것이 나의 교육적 비전이자 앞으로의 지향점이다.

해외파견이나 초빙은 가벼운 마음으로 선택할 수 있는 길이 아니다. 신중하게 고민하고 충분히 준비한 뒤 내린 결정이라면, 그 선택을 믿고 끝까지 추진하시길 바란다. 자신이 내린 선택에 책임감을 가지고 더 나은 방향으로 나아가기 위해 끊임없이 노력한다면, 반드시 값진 성과와 보람을 얻게 될 것이다.

다만 한국에서의 학교생활이 힘들다는 이유만으로 해외로 나가야겠다고 생각한다면 다시 한번 숙고해야 한다. 해외 근무는 한국과는 또 다른 차원의 어려움이 있으며, 단순한 도피로는 그 과제를 감당하기 어렵다. 파견과 초빙은 무엇보다 교육적 소명감과 전문성을 바탕으로 해야 하며, 상대적으로 교원 수급이 열악한 재외한국학교에서 큰 힘이 될 수 있다는 사명감을 지녀야 한다.

또한 해외파견·초빙 교사는 단순한 교사 역할을 넘어 한국 교육의 대표자이자 문화 외교관으로서의 역할도 수행한다. 학생들을 가르치면서 한국의 언어와 문화를 알리고, 현지 교육자 및 교민 사회와 협력하며 세계 속 한국 교육의 위상을 높이는 임무가 주어진다. 이러한 막중한 책임을 감당하려면 끊임없는 자기계발과 열린 태도가 필요하다.

끝으로, 해외파견이나 초빙은 교사의 삶을 한 단계 확장시키는 소중한 경험이 될 것이다. 새로운 환경에서 배우고, 가르치고, 성장하면서 자신뿐만 아니라 학생과 공동체 모두에게 긍정적인 변화를 이끌어낼 수 있다. 이 길을 고민하는 모든 분들의 도전을 진심으로 응원한다.

베트남 (초빙) ✈ 송인화 선생님

하노이한국국제학교에서 얻은 가장 큰 선물은 '사람'이다. 앞서 하노이 생활을 이야기하면서 언급했듯이, 그 시절이 내게 특별한 이유는 그곳에서 만난 소중한 인연들 덕분이다. 지금도 매주 일요일 밤이 되면, 하노이에서 함께 아고뤠 소식지를 만들었던 선생님들과 모여 일상의 작은 이야기부터 교육 문제까지 다양한 주제로 자유롭게 토론한다. 그리고 각자의 생각을 글로 정리해 나누고 있다. 언젠가 이 글들을 바탕으로 교육 문제에 관한 책을 함께 출판해 보고 싶다.

또한 2019년 하노이한국국제학교 합격 동기들 중 몇몇 선생님들과는 전국 단위 수업평가 교사연구회를 2년째 이어 오고 있다. 모두 역량이 뛰어난 분들이라 업무에서 벽에 부딪힐 때마다 조언을 얻고, 늘 열정적인 모습을 보며 교육적 영감을 받기도 한다. 각자 자리에서 맡은 바 책임을 다하면서도, 함께 모이면 힘든 일도 놀이처럼 즐겁게 해결해 나갈 수 있을 것 같아 의지가 된다. 앞으로도 이 인연을 오래도록 이어 가며 대한민국 교육에 작은 변화를 만들어 가고 싶다.

하노이한국국제학교에서 배운 또 하나의 중요한 가치는 '나눔'이었다. 동료 교사들의 아낌없는 나눔 덕분에 나는 하노이 생활에 빠르게 적응할 수 있었고, 하노이에서 보낸 날들이 지금도 즐거운 추억으로 남아 있다. 그러나 학교라는 공동체에서 생활하다 보면 의도치 않게 누군가에게 상처를 주기도 하고, 반대로 상처를 받는 순간들도 생긴다. 이런 상처가 마음에 쌓이면서 '마음의 상처를 어떻게 다룰 수 있을까'라는 고민이 깊어졌다. 그래서 하노이에 오기 전부터 상담심리학을 공부했고 귀국 후 학업을 마치는 동안, 나 자신의 오래된 상처를 들여다보고 회복하는 방법을 배울 수 있었다. 이 배움을 동료 교사들과 나누고 싶어 '교사 신뢰서클'을 운영했다. 교사 신뢰서클에서는 일상의 가벼운 고민부터 누구에게도 털어놓지 못했던 깊은 상처까지 함께 나눌 수 있었고, 이를 통해 나와 동료 교사들은 심리적 소진을 예방하고 회복탄력성을 기를 수 있었다. 이러한 활동은 학교생활에 다시 활력을 불어넣어 주었고, 교사로서의 만족감과 자긍심으로 이어졌다. 앞으로도 내가 가진 것으로 내가 할 수 있는 일들을 꾸준히 실천하고, 이를 위한 배움과 성장을 멈추지 않으려 한다.

3년간 하노이한국국제학교에서 근무한 경험을 바탕으로, 재외한국학교 지원을 고민하는 선생님들께 몇 가지 조언을 드리고 싶다.

먼저, 지원 자격 조건과 고용휴직 제도, 그리고 자신의 교직 진로에 대해 충분히 고민하시기를 권한다. 학교마다 다르지만 대체로 교육경력 3~5년 이상을 요구한다. 또한 시·도 교육청마다 고용휴직 제도가 다르고, 학교 관리자에 따라 재외한국학교 근무를 바라보는 시선두 다르다. 따라서 지원 전에 자격 요건과 교육청 제도, 관리자의 의견을 반드시 확인하는 것이 필요하다. 그래야 최종 합격 후 고용휴직 신청 과정에서 어려움을 겪지 않는다.

다음으로, 교직 진로에 대한 고민이 필요하다. 재외한국학교에서 근무하게 된다면 2~8년 정도는 한국을 떠나 있게 된다. 이 기간 동안 한국에서 쌓아 두었던 경력은 사라지게 된다. 나 역시 재외한국학교에 가기 전, 교육대학원 상담심리학과에 재학 중이었고, 거점학교 수업·배움중심실천사례연구·연구회 활동 등 다양한 성과를 쌓고 있었다. 이런 성과들을 내려놓고 떠나는 것이 아쉬웠다. 마찬가지로 하노이한국국제학교에서의 활동을 정리하고 귀국할 때도 아쉬움이 컸다. 결국 새로운 곳으로 간다는 것은 기존의 것을 내려놓아야 한다는 의미이기에, 미련 없이 내려놓을 수 있는지 스스로 충분히 고민해야 한다.

또한 경제적 문제도 고려해야 한다. 해외에서 생활하는 것은 생각보다 경제적 부담이 크다. 베트남 하노이는 한국보다 물가가 저렴하다. 그래서 하노이한국국제학교에서 받는 월급으로 여유로운 생활을 할 수 있을 것이라고 예상했다. 그러나 기본급·주택보조수당·경력수당을 합쳐 약 3,000USD였지만, 부부가 생활하기에 여유롭지만은 않았다. 교민들이 거주하는 미딩에서 저녁식사를 하면 한국 물가와 비슷했고, 아파트 월세도 주택보조수당으로는 부족했다. 베트남 하노이에서 4인 가족이 생활하기에는 월급이 부족할 수 있다. 실제로 일부 선생님들은 한국에서 돈을 가져와 쓰거나, 경제적 어려움 때문에 귀국하기도 했다. 재외한국학교를 지원하기 전에 반드시 봉급표와 해당 국가의 물가를 사전에 확인하기 바란다.

마지막으로, 재외한국학교가 제주도나 송도에 있는 국제학교와 비슷할 것이라고 생각하는 분이 있는데, 이는 오해다. 재외한국학교는 한국의 사립 초·중·고등학교라고 이해하는 것이 쉽다. 그래서 지나친 기대를 하지 않고 지원하시기를 바란다. 2019학년도 하노이한국국제학교의 경우, 학교 시설은 낡았고 운동장에는 풀이 자랐으며 체육관 바닥은 삐걱거렸다. 학급당 학생 수는 37명 정도로 많았고, 교재와 교구를 구하기도 쉽지 않았다. 예상했던 것보다 훨씬 열악한 교육환경이라 실망하기도 했다. 따라서 지원하고자 하는 학교에 대해 충분히 탐색하고, 자신의 교육철학과 삶의 방향, 재외한국학교에 가야 하는 이유를 깊이 성찰해 보기를 권한다.

그럼에도 불구하고 나는 하노이한국국제학교에서 순수한 열정을 가진 학생들과 함께 꿈을 키우고, 다채로운 색깔을 가진 선생님들과 즐겁고 의미 있게 교육활동을 할 수 있었다. 만약 이런 경험을 원한다면, 재외한국학교 지원을 적극적으로 추천한다.

말레이시아 ✈ 서승현 선생님

  해외파견 근무를 마치고 돌아왔을 때 제 자신에게도 여러 가지 변화와 성장이 남았다. 4년간의 말레이시아 생활은 인생의 소중한 한 챕터로 남았다. 돌이켜 보면 얻은 것도 많고 잃은 것도 없지 않았다. 무엇을 얻고 무엇을 잃었느냐는 사전에 어떻게 준비하고 마음먹느냐에 따라 달라진다고 생각한다. 내가 얻은 가장 큰 수확은 교사로서 한층 넓어진 시야와 자신감이었다. 한국에만 있었다면 알지 못했을 다양한 교육 철학과 교수법을 몸소 비교·경험함으로써 나의 교육관이 풍부해졌다. 예를 들어 현지 국제학교들과 교류하며 글로벌 교육 트렌드를 접할 수 있었고, 다문화 배경의 학생들을 가르치며 포용성과 창의적 문제 해결력도 키울 수 있었다. 또 낯선 환경에서 처음부터 관계를 맺고 인정받기 위해 노력했던 과정이 큰 자신감으로 돌아왔다. 어떤 환경에서도 내가 해낼 수 있다는 믿음은 이후 어떤 일이 주어져도 덜 두렵게 만드는 힘이 되었다.

  반면 놓고 온 것들도 있었다. 해외에 있는 동안 국내 학교에서의 경력이 비어 버리므로 승진 레이스에서는 동기들보다 뒤처질 수밖에 없다. 나 역시 파견 나가기 전에는 교감이나 장학사 같은 커리어 패스를 생각하고 있었지만, 해외에 있는 동안에는 그런 길에서 한 발 비켜서 있게 되었다. 복귀 후 동기들을 보니 이미 연구학교 경력, 부장 경력을 쌓거나 대학원 학위까지 이미 마쳐서, 학위도 없고 연구학교 점수도 없는 나로서는 솔직히 조바심이 났다. 그러나 한편으로는 해외 근무를 통해 얻은 것이 분명 있었기에 나는 돌아온 뒤에 그 경험을 토대로 새로운 진로 전략을 세웠다.

우선 내가 얻은 글로벌 감각과 경험을 교육 활동에 환원하고자 했다. 귀국하자마자 학교에서 세계시민교육 선도교사 역할에 자원하여 해외에서 보고 느낀 사례들을 수업에 녹여내고 있다. 다문화 이해 교육, 국제 이슈 프로젝트 등 학생들에게 세계를 보여줄 수 있는 활동을 적극적으로 만들고 추진하고 있다.

또한 해외파견을 준비하는 후배 교사들에게 나의 경험을 나누는 일에도 열심이다. 학교나 온라인 커뮤니티를 통해 합격 노하우를 공유하고, 관심 있는 후배들과 스터디 모임을 만들어 어학 공부를 함께 하기도 한다. 말레이시아에 있을 때 함께 온라인으로 스페인어 공부를 했던 선생님들 중 두 분은 파라과이와 아르헨티나로 파견을 다녀오셨다고 한다. 내가 직접 큰 도움을 준 것은 아니지만 나의 경험이 작은 동기부여가 되었다는 소식을 듣고 보람을 느낀다.

또 한 가지, 경력 개발을 지속하는 것을 빼놓을 수 없다. 해외 경험이 귀중하긴 하지만 그것만으로 안주해서는 안 되기에 나 역시 복귀 후 부족하다고 느낀 부분을 보완하려 노력 중이다. 예를 들어 앞서 언급한 국내 동기 교사는 이미 AI교육 관련 대학원을 졸업하고 전문성을 쌓았다고 한다. 나는 그 자극을 받아 현재 AI융합교육대학원 재학 중이다. 이처럼 해외 경험과 추가 역량을 더하는 것이 장기적으로 커리어에 도움이 된다. 해외에서 터득한 어학 능력을 살려 영어 교육 전문가의 길을 모색할 수도 있고, 국제협력 분야로 진출하는 방안, 예를 들어 해외봉사단 운영이나 교육부 국제교육 협력 부서에서의 활동도 생각해 볼 수 있다. 나는 개인적으로 해외 근무 경험을 살려 향후 재외교육기관과 국내 학교를 잇는 프로젝트를 해보고 싶다는 새로운 목표도 생겼다. 무엇보다 중요한 것은 해외에서 배운 것을 헛되이 버리지 않고 나의 성장으로 연결하는 일이다. 그렇게 할 때 비로소 몇 년간의 파견 생활이 내 경력에 빛나는 한 줄로 자리매김할 것이다.

요약하자면 해외파견은 나에게 교육자로서 새로운 눈을 뜨게 해주었고, 인생의 우선순위에도 변화를 주었다. 낯선 땅에서의 삶을 통해 작은 일에도 감사하는 법을 배웠고, 가족의 소중함도 재확인했다. 복귀한 지금은 예전과 같은 자리에서 근무하고 있지만 마음가짐은 많이 달라진 자신을 느낀다. 그리고 앞으로도 해외 경험을 발판 삼아 끊임없이 배우고 도전하는 교사로 남고 싶다. 해외에 다녀왔다고 해서 모든 것이 저절로 좋아지는 것은 아니지만, 스스로 노력하기에 따라 얻을 수 있는 성장의 크기가 결정된다는 것을 강조하고 싶다.

다음은 바른 생활 교육과정 설계의 개요의 일부이다. 이것이 재외한국학교의 삶을 설명하는 듯했다. 이를 바탕으로, 지원을 망설이는 분들께 현실적인 조언을 드려 보고자 한다.

미래 사회와 교육환경은 기후변화나 기술 발전 등으로 예측하기 어려워지고 있다. 기존의 표준 교육과정 개념을 넘어서 학생의 삶과 성장을 지원하는 학생 맞춤형 교육과정으로 변화하고 있는 것은 여기에서 비롯된 현상이다. 그래서 교육과정은 교사와 학생의 자율성을 존중하는 방향으로 나아갈 필요가 있다. 지금까지 바른 생활과 교육과정에서는 슬기로운 생활과나 즐거운 생활과의 통합을 위하여 주제를 개발해 왔다. 이제 국가가 가졌던 주제 개발권을 교육과정 실행 현장인 지역, 학교, 교실 수준으로 이양하고자 한다. 그래서 바른 생활과 교육과정에서는 가르치는 일과 배우는 일이 이루어지는 지금 여기에서 학생과 교사가 적절한 주제를 개발하도록 하고자 한다. 이는 정보통신기술, 기후변화, 민주시민의식 등 다양한 내용을 선정하며 조직하는 이른바 '만들어가는 교육과정'을 실현하기 위한 것이다.

2022 개정 교육과정은 코로나 팬데믹 시기가 가져다준 불확실성에 대한 교육

의 어려움과 가능성에 대한 점이 반영된 교육과정이다. 코로나 위기에 대응하기 위해 재외한국학교에서는 생존을 위해 실험실의 연구원들처럼 늦은 밤까지 SNS와 화상회의를 오고 가며 온라인 수업의 구현 방안에 대해 연구했다. 우리의 경쟁 상대는 국제학교였기 때문에 학교 유치에 늘 걱정이셨던 교장선생님이 이 기회를 놓치지 않으셨다. 마침 교육부에서도 온라인 수업 운영에 대한 요구가 내려왔다. 수업 모델 설계에 직접 참여하진 않았지만 교장선생님, 교무, 연구부장님들은 교사회의를 통해 모인 내용을 바탕으로 온라인 수업 모델을 개발했다. 그리고 1주일 시범 운영을 시작으로 다음 주차부터는 온라인 준비물 세트를 만들어 보냈다. 당시 한국도 주변 국제학교도 등교가 안 되는 상황에서 빠르게 움직였다. 학부모님들 사이에서 한국국제학교가 온라인 수업을 잘 운영한다고 평가가 들려왔다. 뿌듯했지만 한편으로는 그 과정이 쉽지는 않았다.

　온라인 수업을 준비하고 수업 준비물도 보내야 해서 시간이 촉박했다. 당시 국가 방역 지침을 준수해야 했기에 수업 준비물 발송을 위해 출근도 시간대를 나누어 출근을 했다. 이 과정에서 모든 교직원들이 협력하여 수업 준비물을 발송했다. 온라인 수업을 하며 1학년 담임교사로서 부담도 되고 걱정도 되었다. 1학년 학생들과 6~7교시의 수업을 진행해야 했다. 이유는 재외한국학교는 학교 셔틀버스가 운행되는데 1~6학년이 한 번에 움직여야 해서 수업시수가 동일하다. 그런데 온라인 수업을 해보지도 않고 저학년이라 수업시수를 줄여야 하는 생각에 대한 명확한 근거도 없고, 동일한 수업료를 내는 학부모님 입장에서는 불만이 있을 수 있다는 판단하에 1학년도 동일한 수업시수로 온라인 수업을 계획해야 했다. 이후 나를 포함한 저학년 담임선생님들의 판단과 학생들의 피로도 증가, 온라인 수업을 보조해주는 부모님들의 의견이 더해져 6차시로 조정이 되었다. 그래도 점심 이후 2시간 온라인 수업이 학생들에게 힘들다는 의견이 있어서 미술, 음악, 체육활동들을 기획했다. 온라인 수업으로 신체활동이 부족해지는 것을 우려한 부모님들의 의견을 받아 짐네스틱, 요가 수업을 했다. 한 번도 해보지 않았지만 유튜브 영상을 연구하며 1학년도 할 수 있는 동작들로 수업을 진행했다. 미술활동은 패드나 컴퓨터로 그릴 수 있는 활동을 구성하였다. 음악이 문제였는데 교실에서도 어려운 1학년 오카리나 지도를 온라인으로 하려니 소리도 잘 안 들리고 수업이 산만해졌다. 그래서 그 다음주에 바로 유튜브 채널을 개설해서 악보와 운지법 설명 영상을 편집해서 학생들 수업 자료에 첨부했다. 그렇게 학생들은 유튜브를 시청하며 연습을 하고, 9명의 학생을 10분씩 시간대를 나누어 1:1 지도 방식으로 수업을 변경했다. 생각보다 효과가 좋았고 옆에서 부모님이 보조교사 역할을 해주시니 교실에서보다 훨씬 수월했다. 이것은 대단히 특수한 상황이었지만, 재외한국학교는 일반 학교에서는 경험 못 할 다양한 교육적 시도가 있는 곳이다. 이러한 실험과 모험이 가득한 재외한국학교에 근무해 보길 바란다.

그리고 재외한국학교는 담당자에게 개별적으로 오는 공문이 거의 없다. 이유는 조직 체계와 문서 전달 방식에 있다. 문서는 업무 포털이 없었던 시절과 같이 교육부에서 오는 이메일을 행정실을 통해서 받는다. 그리고 교육부 아래 교육청도, 지원청도 없다. 정책 시행 운영 노하우를 얻을 곳은 주변 국가인데, 국가 간 교사들의 교류는 없다. 한국에서 정기적으로 하는 연수에 참석하는 교무부장님 간 네트워크가 있고, 교장선생님들 간 업무 네트워크만 있어서 이와 같은 루트로 운영 방식을 서로 물을 뿐 간섭은 없다. 그리고 나라마다 사정이 다르기 때문에 일률적으로 동일한 시행 지침을 내릴 수가 없다. 그래서 좀 더 자유로운 교육과정 운영을 할 수 있다. 앞서 바른 생활 교육과정의 내용과 같이 만들어가는 교육과정을 실현할 수 있는 곳이다. 마치 교육적인 꿈을 펼칠 수 있는 교육 파라다이스 같은 곳이다.

　마지막으로 아직도 해외파견 지원을 망설이고 있는 후배님들께 솔직한 조언을 드리며 글을 맺는다. 한마디로 말해 망설이지 말고 도전하라는 것이다. 나도 지원 전에 '과연 합격할 수 있을까, 낯선 곳에서 잘 지낼 수 있을까' 하는 수많은 걱정을 했다. 사람이라면 당연히 신중해지기 마련이다. 그러나 돌이켜보면 다행히 그런 걱정들 때문에 포기하지 않고 끝까지 해냈기에 지금의 값진 경험을 얻을 수 있었다. 걱정은 준비를 하면서 하나씩 풀어 가면 된다. 막연한 불안감만 품고 포기해 버리면 아무 일도 일어나지 않지만, 일단 용기를 내 첫걸음을 떼면 그 다음부터는 걱정했던 많은 일들이 의외로 순탄하게 흘러가기도 한다.

　물론 준비 없이 덜컥 지원하라는 뜻은 아니다. 이 글에서 강조했듯이 철저한 정보 수집과 자기계발, 가족과의 충분한 상의 등 사전 준비를 갖춘다면 두려움을 크게 줄일 수 있다. 그리고 지원서를 내고 면접을 보고 합격 통지를 받고 또 부임해서 적응해 나가는 매 단계마다 주변에 도움을 청하는 것을 주저하지 말아야 한다. 나 역시 합격 전에는 선배들의 블로그와 조언 글을 수없이 찾아 읽었고, 합격 후에는 같은 기수 동료들과 정보를 나누며 준비했다. 혼자 고민하기보다 비슷한 꿈을 꾸는 동료들과 함께하면 준비 과정이 훨씬 수월하고 힘이 된다.

　현실적으로 말하면 해외에 나간다고 모든 문제가 해결되거나 장밋빛 미래만 펼쳐지는 것은 아니다. 때로는 국내에 남았다면 누렸을 안정이나 혜택을 포기해야 할 수도 있다. 그러나 인생의 한 시기에 낯선 곳에 가서 자신을 성장시키는 경험은 금전이나 승진과 바꿀 수 없는 값진 보물이라고 말할 수 있다. 새로운 환경에서 부딪치며 배우는 동안 교사는 분명 더 큰 그릇의 교육자가 되어 있을 것이다. 그래서 나는 '해볼까 말까'로 망설이는 분들께 꼭 이 말을 전하고 싶다. 망설임에 머무르면 아무 일도 일어나지 않지만, 용기를 내 도전하면 예상치 못한 멋진 변화가 찾아온다는 것이다.

　부디 이 글을 읽는 선생님들께서 자신의 가능성을 믿고 당당히 도전장을 내밀기를 응원한다. 준비된 자에게 기회는 오고 또 그 기회를 붙잡는 사람에게 새로운 세계가 열린다는 사실을 나의 작은 경험이 증명해 보였기를 바란다. 잔뜩 고민만 하던 어제의 내가 용기 낸 오늘의 나를 만나 성장했듯이, 앞으로 더 많은 젊은 선생님들이 글로벌 무대에서 빛나는 활약을 하기를 기대한다. 주저하지 말고 여러분의 꿈에 도전하기 바란다.

우리의 여정은 교실에서 세계로

우리는 각기 다른 나라, 서로 다른 학교에서 출발했지만, 결국 한 방향을 향해 걸어왔습니다. 아이들을 향한 마음, 교육에 대한 믿음, 그리고 배움이 지닌 힘에 대한 확신이 그것이었습니다. 낯선 땅에서의 설렘과 두려움, 익숙하지 않은 언어와 문화 속에서의 좌충우돌, 그리고 그 안에서 피어난 작고 소중한 성취들은 우리 모두의 공통된 이야기이자, 또 각자의 고유한 빛이 되었습니다.

이 책 속에 우리의 발자취를 새기며 우리는 알게 되었습니다. 해외파견은 끝이 아니라 시작이었다는 것을. 교실 속 작은 변화에서부터 지역과 세계를 잇는 다리까지, 우리가 경험한 배움은 이제 더 많은 학생들과 동료들에게 전해져야 합니다. 다섯 명의 기록이 모여 하나의 책이 된 것처럼, 앞으로 더 많은 교사들의 경험이 이어져 더 큰 울림을 만들기를 소망합니다.

"한 사람의 배움이 세상을 바꿀 수 있다."

우리가 살아낸 시간과 이야기가, 지금 누군가의 교실에서 작은 희망의 불씨가 되기를 바랍니다.

이 책을 덮는 순간이 또 다른 여정의 시작이 되기를,
그리고 우리 모두의 발걸음이 미래 아이들의 꿈과 이어지기를 간절히 바랍니다.

그리고 언젠가 이 책을 읽는 또 다른 누군가가 용기를 내어 새로운 길을 걸어 간다면, 우리의 기록은 더 이상 과거가 아니라 현재와 미래를 잇는 살아 있는 이 야기로 남을 것입니다. 그것이야말로 우리가 함께 책을 집필한 이유이며, 교육자 로서의 사명이라 믿습니다.

목포동초등학교 교사 김유주

길을 찾는 교사를 위한
해외파견·초빙
합격노트

초판 1쇄 발행 12월 18일

지은이 김병수, 김유주, 서승현, 송인화, 장미림

펴낸이 이형세
펴낸곳 테크빌교육(주)
주소 서울시 강남구 언주로 551, 프라자빌딩 5층/8층 | **전화** (02)3442-7783(333)
편집 한아정 | **디자인** 곰곰사무소

ISBN 979-11-6346-784-7

책값은 뒤표지에 있습니다.

테크빌 교육 채널에서 교육 정보와 다양한 영상 자료, 이벤트를 만나세요!
티처빌 teacherville.co.kr   **티처몰** shop.teacherville.co.kr
쌤동네 ssam.teacherville.co.kr   **체더스** chathess.teacherville.co.kr